应用型人才培养教学改革案例

——基于港口物流应用型人才培养探索与实践

王任祥　傅海威　邵万清 编著

浙江工商大学出版社
ZHEJIANG GONGSHANG UNIVERSITY PRESS

·杭州·

图书在版编目(CIP)数据

应用型人才培养教学改革案例：基于港口物流应用型人才培养探索与实践 / 王任祥，傅海威，邵万清编著. — 杭州：浙江工商大学出版社，2019.12

ISBN 978-7-5178-3515-8

Ⅰ. ①应… Ⅱ. ①王… ②傅… ③邵… Ⅲ. ①港口—物流管理—人才培养—研究—中国 Ⅳ. ①U695.2

中国版本图书馆 CIP 数据核字(2019)第 225528 号

应用型人才培养教学改革案例
——基于港口物流应用型人才培养探索与实践

YINGYONGXING RENCAI PEIYANG JIAOXUE GAIGE ANLI
——JIYU GANGKOU WULIU YINGYONGXING RENCAI PEIYANG TANSUO YU SHIJIAN

王任祥　傅海威　邵万清 编著

责任编辑	范玉芳　谭娟娟
封面设计	林朦朦
责任印制	包建辉
出版发行	浙江工商大学出版社
	（杭州市教工路 198 号　邮政编码 310012）
	（E-mail：zjgsupress@163com）
	（网址：http://www.zjgsupress.com）
	电话：0571－88904980，88831806（传真）
排　版	杭州朝曦图文设计有限公司
印　刷	虎彩印艺股份有限公司
开　本	710mm×1000mm　1/16
印　张	14
字　数	257 千
版印次	2019 年 12 月第 1 版　2019 年 12 月第 1 次印刷
书　号	ISBN 978-7-5178-3515-8
定　价	42.00 元

序 言

（应用型大学高水平建设特征的思考与实践——代序）

《教育部关于"十三五"时期高等学校设置工作的意见》共 7 次提到"应用型"。该意见指出，"应用型高等学校主要从事服务经济社会发展的本科以上层次应用型人才培养，并从事社会发展与科技应用等方面的研究"；强调"推动具备条件的普通本科学校向应用型转变，将办学思路真正转到服务国家和区域经济社会发展上来，把办学定位转到培养应用型和技术技能型人才上来，把办学模式转到产教融合校企合作上来"。2017 年 12 月 19 日，《国务院办公厅关于深化产教融合的若干意见》明确提出：全面贯彻党的十九大精神，坚持以习近平新时代中国特色社会主义思想为指导，紧紧围绕统筹推进"五位一体"总体布局和协调推进"四个全面"战略布局，坚持以人民为中心，坚持新发展理念，认真落实党中央、国务院关于教育综合改革的决策部署，深化职业教育、高等教育等改革，发挥企业重要主体作用，促进人才培养供给侧和产业需求侧结构要素全方位融合，培养大批高素质创新人才和技术技能人才，为加快建设实体经济、科技创新、现代金融、人力资源协同发展的产业体系，增强产业核心竞争力，汇聚发展新动能提供有力支撑。

一、应用型大学的基本特征

应用型大学的基本特征应该是学科和人才培养要注重需求，组织管理要注重开放协同，学校资源要注重融合汇聚。具体而言，一所应用型大学应该有：①一套先进的建设应用型大学的理念，并在全校达成共识；②一套应用型人才的培养模式（标准）、课程设置、教材、教法等；③一个适合应用型教育的师资队伍;④比较齐全的办学层次,既有应用型本科教育,同时还得有一定数量的应用型本科后教育(应用型硕士等);⑤较好的包涵新教育理念学习社区的办学条件等。

二、普通本科向应用型转变的几个关键环节

1. 理念

应用型大学要实现三个关键词的转变,即应用型、开放式、地方性或行业性。应用型指培养应用型人才,开展应用型研究。开放式指校企合作、政校合作,共同搭建应用型人才培养平台。地方性或行业性指围绕区域经济发展,服务地方或行业需求。

2. 模式

人才培养模式上,根据应用型本科学生的学习特点、生源情况进行改革优化,与时俱进,不照搬研究型大学的人才培养方案。在学科专业建设上,专业建设与学科建设并重,学科专业一体化。根据社会需求设专业,提高毕业生的就业能力、就业率。人才培养主要解决"做什么""怎么做"的问题,从以教师、教材、课堂为中心转变为以学生学习、学生成长、学生发展为中心,形成深厚的专业底蕴,培养有较强的应用能力,明显的专业特长,良好的职业素养的高素质应用型人才。

3. 课程结构

公共课适用、基础课够用、专业课实用。保证应用型人才培养的基本规格及其多样化、个性化发展,实践教学时间不少于1年。同时创新教育教学方法,倡导启发式、探究式、讨论式、参与式教学。改革毕业论文撰写、评价、考核模式。

4. 师资

在教师绩效考核、职务(职称)评聘等方面向"双师双能型"教师倾斜。坚持德才兼备的要求,注重根据能力、成绩和贡献评价教师,克服唯学历、唯职称、唯论文等倾向。不将论文等作为评价应用型人才的限制性条件。

5. 办学层次

建立与普通高中教育、中等职业教育和专科层次高等职业教育的衔接机

制,发展专业硕士教育,搭建应用型人才培养的立交桥。

6. 办学条件

办学条件不仅是指传统意义上的教室、图书资料、基础设施和设备,而应是打造包含个性化教育、学生导向教育、边做边学、跨学科教育、情感教育等新的教育理念的学习社区。如今的教育系统是在工业革命的基础上建立起来的,学生在用统一的学习方式学习一样的东西。应用型大学应该做到从其所有的空间中提取教育价值,而不该仅仅注重教学可用面积。

三、宁波工程学院应用型大学高水平建设的实践探索

应用型大学的高水平建设,首先要体现应用型人才培养质量的高水平,其次还要在应用型科研、教学水平、服务地方能力、国际化水平等方面全方位地体现高水平。

建设思路:以产教融合和国际化"双轮驱动"进行应用型本科建设,构建一套面向行业企业参与的治理体系,形成一套面向行业和国际的专业体系,创新一套应用型人才培养模式,打造一支高水平的"双师双能型"队伍,建设一批应用型科研创新与培训平台,建成一批开放性校内综合实验实训基地。

1. 以产教融合为特征的应用型治理体系建设

(1)统一思想,明确应用型建设方向。学院已将应用型建设列入校级主要纲领性文件中,如校党代会报告、校"十三五"规划等。

(2)深化体制机制改革,加强应用型建设保障。目前学院主要开展了二级学院产教融合综合应用平台改革试点、特色学院建设和绩效分配、职称评聘、教师评价等方面制度的设计和改革。产教融合项目更是学校治理体系建设的一个关键节点。

《国务院办公厅关于深化产教融合的若干意见》明确指出,深化产教融合的主要目标是,逐步提高行业企业参与办学程度,健全多元化办学体制,全面推行校企协同育人,用10年左右时间,实现教育和产业统筹融合、良性互动的发展格局总体形成,需求导向的人才培养模式健全完善,人才教育供给与产业需求重大结构性矛盾基本解决,职业教育、高等教育对经济发展和产业升级的贡献显著增强。这对我们应用型高校提出了明确的发展目标、发展路径和时间表。

2. 关注产业需求的专业体系建设

（1）首先是根据宁波地方发展需求，整合学院 5 大专业群，对接地方 5 大产业群，将产业需求作为专业调整和设置的先决条件。

（2）优化专业设置，改造升级一批传统专业，新增几个多学科交叉复合的新兴工科专业方向。

（3）以工程教育专业认证为抓手，倒逼专业建设改革。学院积极推进国际专业认证，将专业认证作为保证人才培养质量标准国际化的头等大事，并倒逼各专业精准定位人才标准、改变教学内容、改革培养方式。学院 2015 年土木工程专业通过住房和城乡建设部专业认证，交通工程专业通过德国 ASIIN 认证，2016 年化学工程与工艺专业通过 CEEAA（中国工程教育专业认证协会）工程类专业认证，2017 年建筑环境与能源应用工程专业参加了住房和城乡建设部专业认证。在"十三五"期间学院将有 1/4 的专业通过国际专业认证，以此来引领专业建设和发展。学院积极建设国际化专业，已有两个专业实现中美合作办学，下一步学校将大力支持工程类中外合作专业的突破。

3. "产出导向"的人才培养模式改革

（1）学院全面践行 OBE 理念（成果导向教育），全面修订人才培养方案，当下以卓越计划为引领，主抓一体化人才培养方案制定等。

（2）教学改革持续推进。学院扩大学生的选择权，增加选修课、小班化教学等。深度推进课堂教学创新与设计项目、过程化考核、教学信息化建设等教学改革项目。

（3）校企协同育人。校企要做到 5 个共同协同育人，每个专业的核心课程要有企业人员参与实际教学。

（4）国际化建设。目前学院关注的主要是：国外访学 3 个月以上经历的教师占比不断提高，学生交流和留学生规模不断扩大，国际化专业和国际合作办学专业不断拓展。

（5）应用型课程体系建设。学院对课程体系进行重构，体现区域经济发展、产业发展、技术进步要求；开拓课程建设新路径，与行业、企业、用人单位合作共建共享课程体系和课程标准，促进课程内容与行业标准、职业标准相对接；将提升学习者专业技术能力、实践能力、应用能力、职业能力摆在重要位置。

4."双师双能型"师资建设

学院 2016 年实施了"双百工程",数十名教师入选。"双百工程"是指百名博士(教授)服务百家企业行动,旨在鼓励并支持广大教师深入服务企业,通过相对固定的长期、对口服务,主动挖掘企业需求,促进科研成果转化,力求成果反哺教学,提高教师实践教学能力。学院的"十三五"规划中确立了"双师双能型"教师建设目标及考核指标。注重双师结构建设。不仅教师个体要实现"双师双能",学院整体师资结构的构成也区分两种类型,增加外聘教师比例。学院人事部门从"双师双能"认定标准、考核要求、职称晋升、绩效分配等方面进行制度设计,全力保障双师双能型教师的发展培育。学院在专业技术职务评聘中设立社会服务型系列,参加实践锻炼视同国内外访学经历等相关要求为"工程实践型"教师打开晋升通道。在教师业绩分配上,提高了对服务企业相关业绩的赋分比例,使待遇向双师双能型教师倾斜。通过"双百工程"等活动,学校已使40%以上具有博士学位的教师具有半年以上企业工作经历,在提升服务能力的同时积累教学案例,反哺教学,推动课堂教学模式的改变;同时通过引进具有企业经历的实践指导教师,突破编制瓶颈,使得师资结构得到了优化调整。

5."服务地方"的学科和服务平台建设

学院面向区域发展需求,一直在努力推进与市(县、区)政府、开发区管委会、政府有关部门及重点镇(街道)的合作,先后与宁波市镇海区政府合作共建了国家级大学科技园,与宁波市杭州湾新区管委会合作共建汽车研究院,与慈溪市政府合作共同参与慈溪产学研联合研究院建设,与北仑区政府合作设立技术转移中心,与象山县政府共建宁波工程学院象山研究院,与奉化区政府共建奉化研究院等等。学院建立与县级政府层面的全面战略合作关系和相关合作平台,这也为校企合作向区域内企业深度推进搭建了桥梁,提供了条件。

同时,学院着力打造一批与专业建设相关的应用型科研平台,加强产业技术积累,注重应用型科研成果的应用与转化,使学院成为区域特色产业和行业共性技术的研发中心和服务平台,如与宁波市科学技术局等部门合作建立国家土建结构预制装配化工程技术研究中心宁波分中心,与宁波市发展研究中心共建中小企业研究所,与宁波市智慧城市标准研究院共建智慧企业研究所,等等。同时,学院在翠柏校区引进和建设了一批高端培训机构和第三方认证机构,使学院成为相关服务行业和主要企业的培训平台。

6. 以"产教融合"为特色的实践基地建设

建设一批基于产教融合工程的系列综合实验实训基地。学院已入选国家"十三五"应用型本科产教融合发展工程规划项目单位,目前拟以此为契机改革现有的二级学院管理体制与机制,建设基于学科、专业大类,服务子相关行业、产业的产教融合综合基础平台。学校层面计划建设电子与信息工业中心、建筑与交通工业中心、材料与化工工业中心、机制与汽车工业中心四个综合基础平台。为打造产教融合平台,学院主要通过六大途径来实现平台功能。

(1)创新体制。平台成立由学校、企业、行业组成的产教联合理事会,具备条件的可探索混合所有制,增强办学活力。

(2)创新管理机制。建立以平台服务内容为核心的管理机构,利用社会力量来进行管理和运作,关键是要让平台真正发挥作用。

(3)完成各平台国家产教融合项目工程实践中心的建设,保证实践基地的设施与场所。

(4)改革人才引进、聘任机制。利用平台实现包括专业博士、工程师等工程技术人才多层次的引进(包括柔性)和培养;建立企业工程师聘任的长效机制,探索有效的外聘人员管理模式。

(5)建设信息平台,收集实习和就业岗位、科技服务需求、行业培训项目等信息,为学生、学校、企业提供本行业领域内的各类实用信息,提升服务能力。

(6)利用平台改变教师考核的导向,激发教师在教学中引入工程实际项目和案例的动力。

综上所述,笔者认为应用型大学的基本特征是学科设置和人才培养更注重社会需求和产业需求,大学的组织和治理更注重开放、协同与社会和企业的互动,教学资源更注重融合汇聚,更关注学科专业交叉复合。而建设的高水平也正表现在以上几个方面的提升。由于应用型大学是适应时代应运而生的事物,这条道路上的探索才刚刚开始。

经过 10 余年探索与改革实践,王任祥教授及其教学团队在港口物流应用型人才培养方面积累了丰富而具有推广价值的教学案例成果。我对此案例成果的出版表示衷心祝贺和大力支持,谨以该文《应用型大学高水平建设特征的思考与实践》(中国高等教育评论,2018 年 2 月,第 9 卷)代序。

苏志刚,宁波工程学院党委书记、教授

2019 年 8 月

目　录

校企合作篇

课程改革篇

产教融合篇

港口物流应用型专业人才培养
体系探索与实践

引 言

本案例是基于宁波市港口物流应用型人才培养基地建设规划及建设成果来阐述宁波市及宁波工程学院港口物流应用型人才培养体系与实践经验。

宁波市港口物流应用型人才培养基地(以下简称"基地"),是宁波市实施应用型人才培养工程而设立的(面对宁波经济社会发展人才紧缺的现状实施的人才培养计划)十大应用型人才培养基地之一。宁波工程学院为该基地的主持单位,整合宁波各高校如宁波大学、浙江大学宁波理工学院、浙江万里学院、宁波职业技术学院等教育资源,旨在建设适应宁波经济社会发展物流管理、交通运输和航海技术等学科专业,培养港口物流应用型专业人才,提升教育服务地方经济的能力。建设周期原计划是2007年至2012年,实际前后实施了5至8年,宁波政府设立财政专项经费支持。这一项目的建设实施奠定了宁波物流类学科、专业的基础与发展体系,很长一段时期对宁波港口物流人才培养与相关产业的发展产生了影响。

一、应用型人才培养定位背景和依据

(一)产业背景与产业链现状调查及人才需求分析

我们认为港口物流含义是：以港口作为物流的中心节点，利用先进的信息技术和物流装备，整合传统仓储、运输、装卸、搬运、包装、流通加工、配送、转运、报关、联检、金融服务、信息处理及增值服务以及相关配套服务等物流环节，为用户提供多功能、无缝连接、一体化的综合物流服务或物流解决方案的过程。这个定义的内涵决定了港口物流行业的基本属性和内容。

港口是宁波最具优势的资源，是宁波城市发展的生命线，是我国发展战略的重要组成部分。港口物流是适应现代港口功能发展的必然选择，是港口城市以港兴城的重要内容。加快发展港口物流业，对推进工业化、城市化、信息化和促进产业发展具有十分重要而深远的意义。发展港口物流业是推动港口城市经济持续增长的重要动力，是把宁波建设成为东亚国际航运中心、完善城市功能的重要环节，对改善和提升经济结构具有重要作用。世界著名港口城市的港口物流产业占其 GDP 的 20% 以上。因此，浙江省政府、宁波市政府把发展港口物流作为促进港口城市建设的重要战略，将港口物流业作为临港产业发展的支柱产业之一。

港口作为全球综合运输网络的节点，其功能范围不断拓宽，在发展现代物流中扮演着越来越重要的角色。港口以复合优势实现现代物流中心的功能，港口通过物流系统提供增值服务，其多重身份在国际物流中具有战略地位。物流化的港口不再只有货物装卸的简单功能，当港口采用现代化的通信技术和自动化运输、仓储技术，将各种现代化运输方式汇集到港口，以便将货物转运到海外或内陆的广阔腹地去，这时港口成为交通运输枢纽，发挥着转运功能。然后以现代化的运输为主线，将仓储、包装、配送、加工、信息服务等多种物流功能集成化,使港口从交通枢纽转变为内涵更广、层次更高的物流网络节点。这其中凝聚着高新技术和前沿工程技术,需要科技创新和技术研究的支持。宁波港口虽迅猛发展,但在科技和创新方面落后于世界著名港口,产业人才缺乏。

经过调查与论证,宁波港口物流主要产业可分为:

①核心产业:交通运输业,港口生产业,装卸搬运业,仓储业,分销配送等。

②辅助产业:各种运输方式、物流功能的相关辅助行业,如代理、理货、分拣、包装、通关、检验、保税等。

③支持产业:运输、装卸和仓储设备设施的制造修理修造业,港口规划与装备业,IT通讯、信息处理及其物流软件设计等。

另外,还有信息服务与增值服务、金融物流相关产业。

宁波作为国际区域港口物流中心,大陆沿海重要港口城市,上海国际航运中心的重要组成部分,与之相适应的人才培养是发展的关键。目前港口物流人才是制约宁波港口物流发展与竞争的主要因素。到2010年,宁波港货物总吞吐量在3亿吨以上,集装箱运输达1000万TEU,成为世界第三大港和中国集装箱第三运输港。按照国际上通行的计算标准,每增加1万个标准箱,可提供500个就业岗位。宁波未来5年,需要相关岗位人员达25万,与之相应的港口物流人才,如交通运输、仓储等行业,大专学历以上的人才需求量至少在2万人以上。通过对港口及相关行业调查研究,宁波最紧缺的物流人才是集商贸、金融、运输、系统工程、信息技术与手段等多种知识和技能于一体,且具备对企业内外资源进行整合、对经营全过程能进行管理能力的高级人才;懂得国际贸易、国际运输和国际采购等国际物流领域的知识且熟悉第三方物流操作的专门人才。因此,加大本地港口物流应用型人才的培养力度,强化港口物流应用型人才培养的质量,是解决物流人才缺乏问题的重要举措。

从2006年起宁波市政府将港口物流人才列为宁波十大紧缺人才之一,要求整合全市高校、企业等教育与实践资源,通过建立"宁波市港口物流应用型专业人才培养基地"的模式,着力培养适应港口物流产业发展需要的应用型人才。

(二)人才培养的支撑学科专业布局及理由

港口物流人才基地以培养港口物流领域的应用型人才,满足港口物流产业发展需求为目标。基地的建设是以产业链及其人才需求为目标进行学科专业布局,其具体思路如图 1-1 所示。

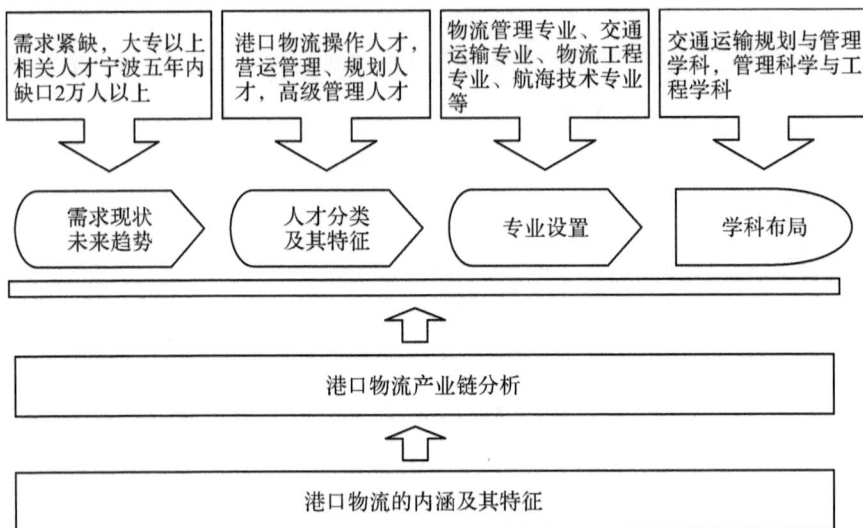

图 1-1　专业设置与学科布局

通过上述分析得出基本结论:

◆港口物流产业链:包括上述三个层面(包括核心产业、辅助产业、支持产业)等。

◆人才需求现状及趋势:目前港口物流人才需求紧缺,大专以上 5 年内缺口 2 万人以上。

◆人才分类及特征:港口物流操作人才,港口及物流营运、规划人才,高级管理人才。人才要求层面宽泛,从操作型到复合管理型具有多层次的特征。

依据分析结论布局港口物流人才基地专业和学科:

●专业设置:物流管理专业,交通运输专业,物流工程专业,航海技术专业等。

●学科布局：交通运输规划与管理学科，管理科学与工程学科。

产业链与专业设置关系如图 1-2 所示。

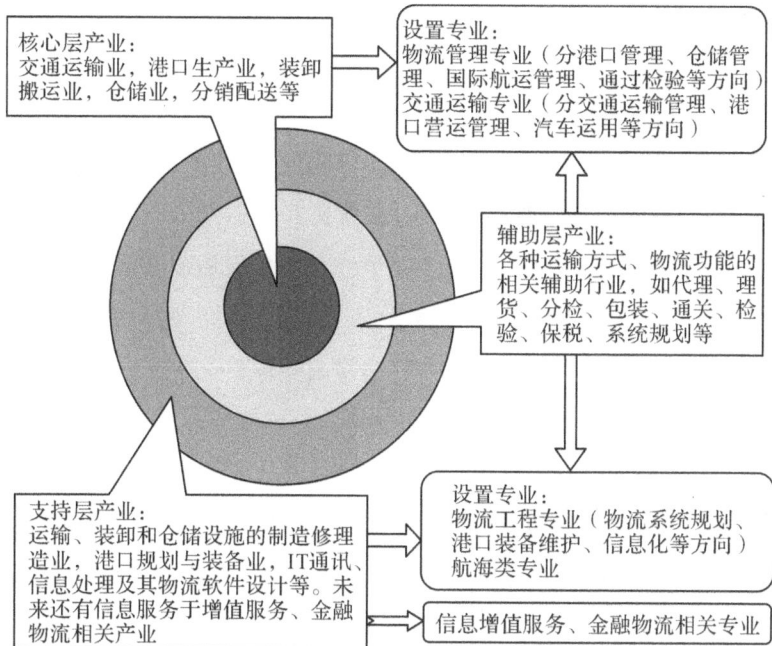

核心层产业：
交通运输业，港口生产业，装卸搬运业，仓储业，分销配送等

设置专业：
物流管理专业（分港口管理、仓储管理、国际航运管理、通过检验等方向）
交通运输专业（分交通运输管理、港口营运管理、汽车运用等方向）

辅助层产业：
各种运输方式、物流功能的相关辅助行业，如代理、理货、分检、包装、通关、检验、保税、系统规划等

支持层产业：
运输、装卸和仓储设施的制造修理造业，港口规划与装备业、IT通讯、信息处理及其物流软件设计等。未来还有信息服务于增值服务、金融物流相关产业

设置专业：
物流工程专业（物流系统规划、港口装备维护、信息化等方向）
航海类专业

信息增值服务、金融物流相关专业

图 1-2　产业链与专业设置关系

二、项目（案例）实施方案及实施计划

（一）具体改革内容、改革目标和拟解决的关键问题

1. 改革内容

第一，通过对港口物流人才需求状况的调查，摸清港口物流人才需求的层次和状况，为培养适应宁波港口物流发展需要的各类实用性人才打下基础。第二，根据港口物流人才的需求状况，整合宁波市物流专业相关的教学资源，为企

业提供多途径、多层次的智力支持。第三,开创高校与政府、高校与企业及高校与高校多方合作的新模式,让高校、政府、企业这三者共同搭建产学研合作的平台。

2.改革目标

根据宁波港口物流产业链及其人才需求状况,构建港口物流应用性人才培养的专业和学科布局;整合物流教学资源,推进产学研结合;建设物流应用型人才培养、科研及科技开发的平台,为宁波经济社会发展做出贡献。因此,本项目的主要目标如下:

①建立具有国际港口城市发展特色的物流学科专业结构。

②形成各层次应用性人才培养模式,满足宁波港口物流产业链发展的人才需求。

③搭建临港产业发展需要的现代物流"人才培养、培训、应用研究"的平台。

④推进宁波高校物流类学科专业建设,力争在国内具有较高的知名度。

3.拟解决的关键问题

①港口物流应用型人才的层次问题。

②宁波市范围内物流教学资源的优化整合问题。

③宁波市范围内多层次的港口物流应用型人才培养平台的搭建问题。

④高校、政府、企业进行多方合作的方式问题。

(二)实施方案、实施计划

1.实施方案

宁波市政府牵头成立的"宁波市港口物流应用型专业人才培养基地"(以下简称基地),以高校为主进行基地建设,具体实施方案为:

(1)深入分析宁波港口物流产业链和人才需求,构建合理的学科、专业体系。

根据前述港口物流产业链的分析,结合宁波港口物流人才和服务需求的实际情况,以宁波工程学院及其他高校现有专业、学科为基础,构建如下所示的学科、专业体系。

●学科布局:交通运输规划与管理学科,管理科学与工程学科。

●设置专业:物流管理专业,交通运输专业,物流工程专业,航海技术专业等。

其中,物流管理、交通运输、物流工程是港口物流人才基地的核心和基础专业,是当前宁波港口物流产业人才需求量最大的专业。随着产业的提升,基地后期还应培养港口物流高端人才(如物流信息增值服务、金融物流相关人才),建设相应的其他港口物流类专业。

(2)明确港口物流应用型人才培养规格,确立专业建设目标

港口物流应用型人才培养重在懂得国际贸易、交通运输、国际物流、电子信息技术、港口建设等现代物流领域的知识,从事第三方物流实际操作的专门人才;以及集商贸、金融、运输、系统工程、信息技术与手段等多种知识和技能于一体,且具备对企业内外资源进行整合、对经营全过程进行管理的能力和丰富经验的高级人才。具体专业建设目标为:

①物流管理专业

本专业是基地建设的基础和重点,包含多个专业方向。

专科专业方向为仓储管理、港口物流管理、企业物流管理等。该专业方向主要培养港口物流生产第一线的专科应用型层次人才;毕业生主要服务于港口仓储管理,船货单证处理、货运代理、港口理货、集装箱堆场管理、集装箱运输管理,大型工商企业物流流程管理等岗位。

本科专业方向为港口管理、国际航运管理、仓储与配送管理等。该专业方向主要培养港口物流管理本科及以上层次的应用型人才;毕业生主要服务于港口运营、生产计划、生产调度,船舶代理、外轮理货、通关检验,仓储规划与管理、货物配送设计等中高层管理岗位。

目前,宁波工程学院和其他高校物流管理专业已有一定规模,专业建设基本处在全国中上水平。但是,仍存在不少问题。一是物流操作层人才相对匮

乏,不能满足企业需求;二是专业学科优势未形成,缺乏培养高层次人才的平台,影响物流业的发展。今后物流管理专业建设的重点是完善提高,形成与宁波港口同样知名的学科、专业优势,培养大量物流操作层面技能人才和一定规模的高级管理型人才。

②交通运输专业

专业方向为交通运输规划与管理,港口生产管理、载运工具应用与服务。

本专业包含专科、本科及以上层次,培养水路、陆路和航空运输规划与管理,多式联运方式组织,港口生产计划调度及载运工具应用方面的高级应用型人才。主要服务于港口生产组织,港口至内陆腹地运输规划与管理,载运工具(主要是汽车、船舶)应用和服务等岗位。

该专业在宁波还较薄弱,人才缺口较大,未来3—5年内需要重点建设,以便为港口物流产业提供高层次的规划管理、港口生产计划、调度及运输系统设计等方面的人才。

③物流工程专业

专业方向为物流系统规划与设计,港口机械设备维护与管理,物流信息系统工程。

本专业包含本科及以上层次,主要培养物流设施与设备维护、修理和建造,物流系统规划与设计,物流信息系统工程等方面的高级应用型人才。为港口及现代物流业提供辅助和支持服务。

宁波港口物流迅猛发展,但其基础设施建设和辅助服务体系建设较为滞后。为培养这方面人才,需加快相关专业的建设。该专业主要培养能适应宁波港及其临港产业发展的需要,从事港口机械设备修理与维护、物流信息系统支持服务的各层次专门人才。目前该专业在宁波市刚起步,是基地中后期应重点建设的专业之一。

④航海类专业

专业方向为船舶驾驶,航运管理。

本专业包含本科及以上层次,主要培养海上运输船舶驾驶、管理,航运事故处理,船舶货物运输组织等方面高级应用型人才。

此外，随着国际港口发展趋势和港口物流产业的提升，还需要更高层次的第三方和第四方物流信息服务与信息增值服务、金融物流、国际物流营销方面人才，因此，基地今后还应增设此方面专业。

(3)完善分工体系，形成各高校的专业与学科特色

由宁波工程学院牵头，协同宁波各大高校物流管理及相关专业学科，联合宁波港口集团、宁波市交通局、龙头物流企业、宁波保税区和宁波海关、检验检疫局等相关单位，构建人才培养和科研开发的基地。基地成员单位以现有基础进行合理分工，发挥各自资源和优势，形成专业学科的特色。

(4)以建设项目为抓手，多种形式合作建设

按照确定的相关专业和学科建设目标和任务，确立人才基地具体的建设项目，一般建设项目由企业、政府职能部门、学校等相关专家组成的基地建设指导委员会论证确立，基地建设以项目脉络组织项目实施。通过科学的规划建设项目，着力抓建设项目，最终实现基地建设目标和任务。

在基地建设中开展校企合作、校校合作、国际合作等多种形式的合作，开展技术应用型人才培养模式改革和创新。如成立校企合作委员会，校际之间、校企之间互聘优秀教师或优秀工程技术人员兼职，联合培养应用型人才，合作承担培训项目、科研项目，与国内外高校合作培养国际复合型物流人才等。

2. 具体实施计划

计划以2—3年为周期，制定具体的实施计划、考核与验收计划、经费使用计划等。主要的建设与实施的计划如下：

(1)专业建设实施计划

①制定专业服务目标；

②确立专业人才培养目标；

③建设重点课程计划；

④建设师资队伍计划；

⑤建设实验实训基地计划；

⑥其他建设计划。

(2)学科建设实施计划

①制定学科服务目标；

②确立学科发展目标；

③制定科研和开发规划；

④学科团队建设计划。

(3)产学研实施计划

①校企联合开展科研、产品开发计划；

②学生到企业实习计划；

③教师下企业锻炼；

④兼职教师队伍建设计划；

⑤其他校企合作开展培训、社会服务等计划。

(三)项目形成的成果和效果

本项目原预期成果包括如下一些方面（注：至 2013 年政府委托第三方机构验收为优秀，成果超过预期）：

1. 形成适合宁波港口物流产业发展的港口物流人才培养体系

港口物流人才培养基地要建成宁波港口及现代物流应用人才的摇篮。培养的人才不仅能满足宁波港口物流产业的发展需要，而且可提升该产业的综合竞争力。企业可在港口物流方向"人才超市"般的环境下选用各层次适用的人才。

2. 培育重点专业和优势学科

通过"宁波市港口物流应用型专业人才培养基地"建设，培育拥有两个以上省、市级重点专业和省内一流的学科。形成一支结构合理、高素质的师资队伍（高级职称占 50％，40％以上具有博士学位）；每个专业建设 3 门以上省、市级精品课程，出版应用型人才培养相关的教材 10 部以上；培养一支具有较强科研能力的研究团队;年均承担市级以上科研项目或重大横向项目 10 项,科研经费 50 万元以上,3 年内力争承担国家级项目;引领港口物流专业及学科发展,赶超国内先进水平。(注:2013 年,物流管理专业被列为省重点专业,2015 年交通运输工程学科列为省一流学科、管理科学与工程学科列为省重点学科,其他指标均超过预期。)

3."基地"成为产学研中心与服务的平台

校企紧密结合,使"宁波市港口物流应用型专业人才培养基地"成为宁波市港口物流领域的产学研中心。逐步建立既有基本技能训练,又具备科研服务功能的产学研结合的"综合实训——培训"基地群。成为学校师生的实践中心,企业的研发中心,解决实际问题的实验中心。促进学校智力资源与企业生产要素紧密结合,促进科技成果转化,促进实用技术推广。为社会提供广泛的服务平台:为政府提供咨询决策服务;为产业岗位提供各类培训服务;为宁波经济发展、社会再就业提供各种智力服务。培育品牌培训项目,构建面向地方教育培训的服务体系。

(注:2016 年获中国物流学会"优秀产学研基地"称号,2017 年获国家产教融合工程试点项目——临港物流实验实训中心平台,2018 年获浙江省专业技术人员继续教育培训基地——物流金融与成本核算培训基地,2018 年宁波工程学院现代物流研究中心列为浙江省新型高校智库,形成了四个省级以上平台。)

项目成果形式如表 1-1 所示。实施范围为宁波市,受益学生为宁波所有高校相关专业学生。

表 1-1　项目建设预期成果形式表

成果形式	主要内容及量度指标
港口物流人才培养体系	宁波港口物流产业需求的专科、本科和研究生等应用型人才。专科生 1000 人/年;本科生 400 人/年;研究生 30 人/年等
重点专业和优势学科	以专业和学科为载体,按基地专业和学科布局进行建设。5 年内:2 个以上省、市重点专业,1 个以上省、市重点学科,2 个硕士学位点,9 门以上省市精品课程等

成果形式	主要内容及量度指标
产学研中心	基地建设成为实训中心、研发中心、实验中心。各类实训基地 20 个以上,所有青年老师下企业,企业兼职教师占 20%,每年一批校企合作研发项目等
服务的平台	成为服务于社会的平台,为政府和产业发展提供决策服务,为社会培训 3000 人次/年等

(四)本项目的特色与创新之处

1.探索并实施实用新型的人才培养模式

由政府、高校和企业三方合作建设应用型人才培养基地,高校各专业按宁波港口物流产业链实用型人才需求为市场培养目标,创新人才培养模式。主要模式有:知行合一、双核协同培养模式,项目化课程模式,"订单式"培养模式等。

(1)知行合一、双核协同培养模式

知行合一,就是理论与实践相结合,运用所学知识解决现实问题,在实践中不断学习,不断提高,不断创造;双核协同,是指抓住人才培养的核心知识与核心能力,实行核心课程和核心能力协同发展,培养高素质的应用性人才。

(2)项目化课程模式

该模式打破了学科化的知识体系,学生的学习过程是以行动为主的自我建构过程,以完成工作化的学习任务为基础,在有目标的行动化学习中积累实践知识,获取理论知识。项目化课程模式真正做到了理论融于实践,动脑融于动手,做人融于做事,在所学与所用之间建立了一个近乎"零距离"的通道。

(3)"订单式"培养模式

订单式培养就是学校与企业进行合作,企业作为市场主体,提供人才培养的具体目标,并参与到教学的全过程,学校和企业共同制定培养方案,结合岗位需求组织教学,学生毕业后到企业直接上岗工作。

目前,以上人才培养模式已有成功的案例。

2. 校企共同参与、循环发展的专业学科建设

企业参与投资进行基地的专业和学科建设,培养适应企业岗位的人才,减少企业再培训或岗前培训的成本。学校、企业共同研究合作,解决企业实际问题。专业学科紧跟企业发展动态,企业发展反哺学校专业学科建设。

3. 创新的应用型人才评价机制

让企业、事业单位中的技术专家、管理人才参与到应用型人才的培养中来,让这些人才与高校老师一起参与学生课程考试、考核,并在毕业论文指导和答辩工作中按一定比例进行毕业生论文指导和答辩任务。毕业生的质量以用人企业为主要权重来评价。

三、案例总结

该案例项目通过近 10 年的研究探索与实践,在以下方面取得一定成效和建设经验。

(一)案例主要解决的教学问题

宁波拥有世界第一大国际港口,是现代化国际港口名城,全国物流重要节点,"一带一路"国际支点城市。港口物流产业是宁波市支柱产业,其增加值对经济总量的贡献率连续多年超过 10%。目前,宁波舟山港及其港口物流产业更是浙江打造大通道、大湾区的重要支撑。与产业发展相对应的是港口物流人才的培养十分紧迫!通过对港口及相关行业调查研究,发现我国紧缺的物流人才是集商贸、运输、系统工程、信息技术等多种知识和技能于一身,且具备对企业内外资源进行整合、对经营全流程进行管理的能力,拥有丰富经验的高级应用型人才;懂得国际贸易、国际运输和国际采购等国际物流领域的知识且掌握第

三方物流操作的专门人才。

　　基于此,宁波工程学院从 2007 年开始,牵头宁波大学、浙江万里学院等高校,在宁波市政府的支持下,共建宁波港口物流应用型人才培养基地,着力培养适应宁波及长三角区域港口物流产业发展的应用型人才。同时,依托浙江省新世纪教学改革课题"宁波市港口物流应用型专业人才培养体系探索与实践"(yb08081)等 13 项课题的理论研究与实践探索形成该成果。该成果基于产业动态和发展需求来确立应用型人才定位,实施校企紧密合作(产教融合);教师深入产业发展实际问题研究,成为产业发展的智库,并将其应用型研究内容或案例引进到专业课程中,或将科研项目直接植入课堂教学,实施科教融合;以教师科研项目或企业发展问题作为方向指导学生课外竞赛等创新创业活动,开展科创融合,探索"产业、教学、科研、双创"(创新创业)四维融合的应用型人才培养模式。

　　经过 10 多年的实践探索和省新世纪教改课题、省教育科学规划课题等 9 项省市级课题、4 项校级专项课题系统理论研究,本成果已形成全国有特色的应用型本科专业人才培养体系,市级有影响的应用研究智库,市级学生专业竞赛平台和省级专业技术人员继续教育培训平台,"产教科创"实现了高度融合,为地方高校应用型人才培养探索出一条成功路径。

　　主要解决的教学问题:

　　①解决了地方高校港口物流应用型本科人才培养的定位和规格问题;

　　②解决了地方高校港口物流应用型人才培养教学内容与实际产业发展脱节的问题;

　　③解决了港口物流专业的科研成果与教学内容两张皮,融合难的问题;

　　④解决了学生科创无源,学科专业竞赛与创新、创业平台搭建难的问题。

(二)案例成果形成的基本思路与方法

1.确立人才培养定位,构建人才培养理论体系

　　自 2007 年起,宁波市实施应用型人才培养基地建设,宁波工程学院主持的

十大基地之一"宁波市港口物流专业应用型人才培养基地"投入建设,同时成立课题组开展"宁波市港口物流应用型专业人才培养体系"的理论研究(该课题获该 2008 年度浙江省新世纪教改立项),指导教学改革和实践。课题组成员围绕该成果承担了应用型人才培养与产业互动、校企合作机制、专业课程体系改革、实践体系创新、学生创新创业教育等一系列国家级、省部级课题研究,发表学术论文近 10 篇,为构建基于宁波港口物流产业链和人才需求的学科专业体系,确立港口物流应用型人才培养规格与专业建设目标,开展"产业、教学、科研、双创"四维融合人才培养体系改革的实践推进提供理论指导。如图 1-3 所示。

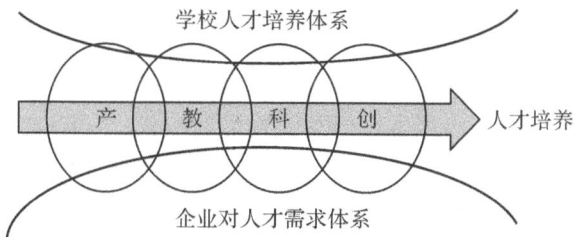

图 1-3　"产教科创"四维融合的应用型人才培养理论体系导图

2. 校企合作,开发产教融合的教学体系

以宁波工程学院物流管理(港口物流方向)新建本科专业建设为契机,该专业与宁波舟山港口集团、宁波梅山保税港区、宁波航海交易所、宁波市物流协会等 10 余家物流骨干企业和行业协会紧密合作,共建校内外实践基地,聘请客座教授和校外实践导师、企业家进课堂,博士、教授下企业挂职,校企共建课程,共同开发专业教材等措施,深入推进产教融合建设。课程设置充分结合港口物流产业发展需求与动态趋势,每门专业课程内容做到了理论与实际紧密融合,教学内容与教材,课内与课外的"产与教"一体化。一直以来,学生毕业论文 90% 以上的研究课题来自企业或行业实际问题。历届毕业生信息统计表明,该专业 80% 以上毕业生留在宁波工作,企业反映学生岗位适应性强、上手快、实干,历届毕业生一次性就业率保持在 98% 以上,充分证明了产教结合教学体系的有效性。

3. 搭建合作平台，建立科教融合育人模式

学校与中国社科院工业经济所联合成立了"国际港口与物流研究中心"，牵头成立了"宁波物流产业产学研技术创新战略联盟"，与中国物流学会联合创建"中国物流学会产学研基地"，搭建了一批产学研平台，承担了大量服务地方港口物流产业发展的应用型研究项目，推进了本科生导师制、联合培养硕士生和博士生等人才培养方式。将项目研究内容植入课堂和教材中，不仅避免了理论教学的空泛，同时提升了学生解决实际问题的能力。通过平台建设和科教融合模式，大大促进了师资队伍建设与学风建设，形成了一支较强的"双师型"教师队伍，学生参与教师科研的比例达 60% 以上，考研录取率（近 20%）在全校名列前茅。

4. 实施"多方主体参与"方式，建设产教科创一体化基地

针对港口物流专业人才培养学校不断探索"产、教、科、创"一体化方式，如专业毕业总学分中科创活动不得少于 4 学分，优秀双创成绩可抵毕业论文等措施。由市教育局主办、市物流协会协办、骨干物流企业提供经费资助并提供案例，高校负责承办的"宁波市高校物流规划设计大赛"赛事，目前已成功举办 3 届，全面带动了区域高校物流专业科创活动，该赛事是行业有影响力的专业学科赛事之一。优秀获奖项目产生了应用价值，获奖学生得到了较好的职业发展机会。又如引进品牌企业进校园，设立物流创客训练营（如青岛海尔日日顺物流创客训练营），为学生建设资源丰富的科创基地。学校还引导校友基金设立学生双创孵化平台，资助有发展前景的创新创业项目，使学生的创新创业活动不断取得佳绩。

(三)案例成果的创新点

1. 创建有效适应产业发展的应用型人才培养模式

针对港口物流产业快速发展的特征，同时针对地方高校应用型本科专业建设定位模糊、与产业需求脱节、创新力培养缺乏等问题，宁波较早在理论与实践

两个层面探索出了以区域港口物流产业发展对人才需求为目标定位,产教融合设置课程内容,以科教融合和科创融合育人为途径的应用型人才模式。并将创新创业融入人才培养体系,贯穿于人才培养全过程,充分体现了新时代人才培养的要求和目标,使人才培养体系更加完备,更能充分满足社会经济发展需求。该模式下培养的人才,较好地促进了地方产业较快发展。

2. 创设"产、教、科、创"相融合的应用型人才培养方法

针对在人才培养过程中教学内容与产业发展脱节,科研与教学两张皮,学生科创无源等问题,学院实施"产教融合",紧贴产业发展现状与趋势,增加学生应用实践环节;实施应用研究为重点,科研直接嵌入教学,导师制带动师生团队建设等"科教融合"策略提升人才培养质量;推进以教师科研项目带领学生科创活动方式,"科创融合"提升学生学科专业竞赛水平与创新创业动力。四维融合发展的方式极大促进了宁波工程学院物流学科专业快速发展。

3. 建立政校企联动、产学研协同发展的应用型人才培养机制

通过政府搭台设立了"宁波市港口物流应用型专业人才培养基地",高校整合相关学科专业资源制定人才培养目标与路径,企业以产业发展对人才的需求为动力积极参与,形成了政校企三方联动、产学研协同发展的人才培养机制。在实践中,政府提供针对性的项目资助,促进产学研育人平台建设,企业成为师生的实践中心,学校成为企业的研发中心与咨询服务中心。逐步实现了学校教育资源与企业生产要素紧密结合,促进科技成果转化与实用技术推广,为政府提供咨询决策服务,为产业岗位提供各类培训服务,成功探索出了三方协同推进宁波港口物流应用型人才创新发展的良性机制。

(四)案例成果的推广应用效果

1. 实践效果显著

通过实施该人才培养模式,宁波工程学院港口物流学科专业已形成四大有

影响力的平台:产教融合实践平台(国家产教融合工程项目临港物流实验实训中心)、产学研平台(宁波国际港口与物流研究中心、宁波物流产业产学研技术创新战略联盟,中国物流学会产学研基地等)、职业教育与培训平台(物流金融与成本核算专业技术人员继续教育培训基地)和学生双创平台(宁波市物流规划设计大赛赛事、海尔日日顺物流创客营地等)。该专业已建设成为省重点专业、市品牌专业及省重点学科支撑点等。

该专业 80% 以上毕业生留在宁波工作,历届毕业生一次性就业率保持在 98% 以上,且 90% 以上在港口物流骨干企业工作。用人单位对宁波工程学院学生的评价为适应能力强,满意度位列学校各专业前茅。学校每年为社会提供各类职业培训人员达 2000 人次以上,受到企事业单位高度好评。学生专业竞赛成绩位于宁波市前列,近三年获国家级双创项目"轨道交通营运服务质量评价方法与实证研究"等 6 项、省级项目"港口供应链协调机制研究——以宁波港为例"等 20 余项奖励,学生创业率位列全省前三。

宁波工程学院物流管理专业与近 20 家龙头港航物流企业建立了紧密合作关系,学生下企业实习、教师为企业谋划、企业家进课堂成为常态,校企深度融合。曾获宁波市政府教育服务地方经济贡献奖,被中国物流与采购联合会授予优秀产学研示范基地等荣誉。成果有效促进了专业学科内涵式发展。

2. 理论成果丰富

近 10 年来,围绕该成果,已发表学术论文 10 余篇,出版《国际物流》(浙江省"十二五"优秀教材)等代表性教材 12 部(其中"十一五""十二五"国家规划教材 5 部),其他相关著作 6 部,主持浙江省新世纪教学改革课题、浙江省教育科学规划课题等 13 项(其中一项成果获国务院副总理刘延东肯定性批示),承担与港口物流产业发展相关的重大应用研究项目 30 余项。从 2015 年起,联合美国特洛伊大学等高校连续举办了五届以"创新·科教融合经管类应用型人才培养"为主题的国际学术会议,出版《管理创新·科教融合经管人才培养》(武汉大学出版社,2015.6)等成果专著 3 部。

3.示范引领作用明显

该成果推进实施以来,较好地促进了港口物流学科专业综合水平的提升,在省内同类院校中起引领作用,据第三方评估机构数据,宁波工程学院物流管理专业排名、学生满意度等位于省市前列。专业带头人是教育部水路运输与工程专业教指委、浙江省物流与电子商务教指委委员、中国物流学会常务理事、宁波市物流协会副会长(兼专家委员会主任)。宁波工程学院是国家产教融合示范基地、全国应用本科联盟物流专业协作委员会主任单位,接待过近 100 所国内外院校来校考察交流。

4.社会反响较好

相关教学成果多次在宁波市高教论坛、全国高校研讨会和国际学术会议上交流,2015—2019 年连续五届在"科教融合经管类应用型人才培养"国际学术会议上(会议有来自美国、日本、韩国、英国、马来西亚等国家高校专家学者参加)做主题发言。2018 年 4 月,教育部召开新闻发布会,宁波工程学院科教融合作为典型被点名称赞。《浙江日报》《宁波日报》《东南商报》、宁波电视台和人民网、网易新闻等多家媒体多次就相关活动和做法进行了报道,深受社会赞誉。

宁波物流人才需求趋势与物流类专业设置

引 言

本案例来源《宁波工程学院学报》,2006 年 9 月,第 18 卷第 3 期。

社会物流人才需求决定了应用型高校物流专业的设置与发展。本案例对宁波现代物流人才的现状与需求趋势,以及我国高校物流类专业学科设置模式等进行了研究,并比较了香港物流人才需求与高等教育的情况,提出了宁波工程学院物流管理本科专业(新设置的专业)的设置思路。本案例开启了宁波工程学院物流类应用型专业人才培养探索与实践,并确立了物流管理专业定位与特色。

一、现代物流人才的界定与物流业的划分

物流人才指的是具有大专以上学历,或具有中级以上技术职称的,或具有高级技工资格的从事与物流功能相关职业的专门人才。

今天我们一般所指的物流人才是"现代物流人才",所谓现代物流人才,是指将物品的信息、规划、生产、库存、包装、运输等整个流动过程综合起来的集成式管理人才。其最终目的是以一体化管理手段、在物料、生产或商品的流动中,实现优化资源、降低成本、提供最为优质的服务的专门人才。但由于现代物流发展刚刚起步,对从现有物流从业人员中剥离出来的物流人才大多还属粗放式的、单一型的传统物流人才。

物流业，一般主要划分为三个层面的相关行业。其一是核心层，包括运输业、港口业、装卸搬运业、仓储业、邮政业以及分销配送等相关行业。其二是辅助层，包括与各种运输方式、物流功能相关的辅助行业，如代理、理货、分拣、包装等。其三是支持层，包括运输、装卸和仓储设备设施的制造修理业、修造业、IT 通讯及其从事物流软件设计等行业。

另外，按照物流的功能分类，还应包括包装类人才和物流管理人才。

关于包装类人才，各类物流人才统计资料中无法完整显示，且就目前情况看，与物流相关的包装活动大多均已渗透在相关的运输、仓储、邮政等功能中。而对于制造企业中的物流管理人才，这部分人才同样也没有专门归类，在一般研究和统计中，对这部分人才没有更多的涉及。

二、宁波及全国物流人才的现状与需求趋势

1. 宁波及全国物流人才的现状

通过课题研究并结合对宁波市物流人才现状的分析，可以看出全国的物流人才状况存在以下基本问题：

①总量规模小，平均学历与职称水平低，知识和技能结构体现浓重的传统物流特色，难以适应宁波市物流产业跨越式发展的要求。

②人才队伍年龄结构老化，后劲不足。

③在物流产业的各领域内，均缺乏现代物流理念，熟悉现代物流运作，同时又通晓本领域和相关领域业务的复合型物流高级管理人才。尤其缺乏第三方物流经营人才。

④缺乏开展现代物流所需的操作性、技能性人才，如电子商务、配送流程设计、网点控制与管理等领域。

⑤物流高等教育的规模偏小，物流研究的水平不高。

⑥高校物流学科专业与研究方向的设置不尽合理，带有明显的传统专业痕

迹；设立物流专业的理论与师资准备不足，培养方案和教学计划需进一步完善。

⑦近几年各层次物流专业的毕业生、在校生从数量和质量上看还远远不能满足社会的需要。

⑧物流职业教育的总体水平较低。物流培训总体层次较低，培训内容单一甚至落后；培训市场仍有待规范。

通过对现状的分析可知，宁波市现代物流产业发展中最紧缺两类人才：一类是物流管理的高级人才，包括第三方物流经营人才；一类是技能型物流操作专门人才。

2. 宁波物流人才需求趋势

现代物流的发展方向和趋势是物流系统化，物流供应链一体化，物流信息化和网络化，物流全球化以及电子商务环境下的物流运作。物流一体化方向和专业的第三方物流的发展，已成为目前世界各国和跨国公司所关注的热点。西方国家物流业发展证实，独立的第三方物流要占社会全产业的50%，物流产业才能形成。加快改造传统物流企业与加速发展第三方物流企业，也是我国及宁波现代物流发展的紧迫任务。

根据宁波市物流业发展功能定位（浙江省综合物流中心城市、长三角南翼国际物流中心枢纽），宁波迫切需求的现代物流人才是集商贸、金融、运输、系统工程、信息技术与手段等多种知识和技能于一体，且具备对企业内外资源进行整合、对经营全过程进行管理的能力和具有丰富经验的高级人才；懂得国际贸易、国际运输和国际采购等国际物流领域的知识并能从事第三方物流操作的专门人才。

专家研究显示目前上海市拥有物流人才 8 万人，占第三产业人数的10.3%，到 2010 年上海物流人才需求量达到 21 万人，其中"世界博览会"的影响是重要因素之一。宁波经济的发展近似于上海、依托于上海，其物流人才缺口至少在万人以上。

三、我国高校的物流人才教育与输送

1. 培养模式

本节通过对我国各高校学科和专业建设发展的充分调研,并查阅教育部公布的相关信息,总结出我国物流高等教育在专业设置上主要采取两种做法(如图 2-1 所示):

一是设独立的专业,这一做法主要集中在本科或专科阶段,基本上存在两种独立的专业,即物流管理(或物流与供应链管理)和物流工程(或物流与供应链工程);

二是在某一专业下面设立物流管理或物流工程方面的培养方向或者研究方向,这是博士、硕士和本科阶段都存在的情况,在专科培训阶段则很少。在博士和硕士培养阶段主要在管理学门类中的两个一级学科"管理科学与工程"和"工商管理"下面设立物流管理或者物流工程方面的培养方向、研究方向,或者在工学门类的一级学科"交通运输"下面设立物流管理或者物流工程方面的培养方向、研究方向。

同时,在教育部现行的本科专业目录中,在管理学门类的一级学科"工商管理"下的二级学科"市场营销"中设有"物流管理"方向,所以有部分高校仍然按此设立物流管理专业方向。除了设立专门的物流专业方向,许多设有交通、财经、管理类学科或专业的大学现在也普遍在非物流专业安排讲授物流相关课程。

2. 在校学生情况和层次结构

根据浙江省高等教育资料显示,2003 年浙江有两所高校在本科开设物流专业,计划招生数为 160 人,毕业生人数为 0;2003 年有近 20 所专科学校开办物流专业,在校学生有 2000 多人,毕业生人数约 50 人。由于目前高校没有专门物流学科方向的研究生专业,所以无法真实反映当前浙江高校物流专业方向研究生的招

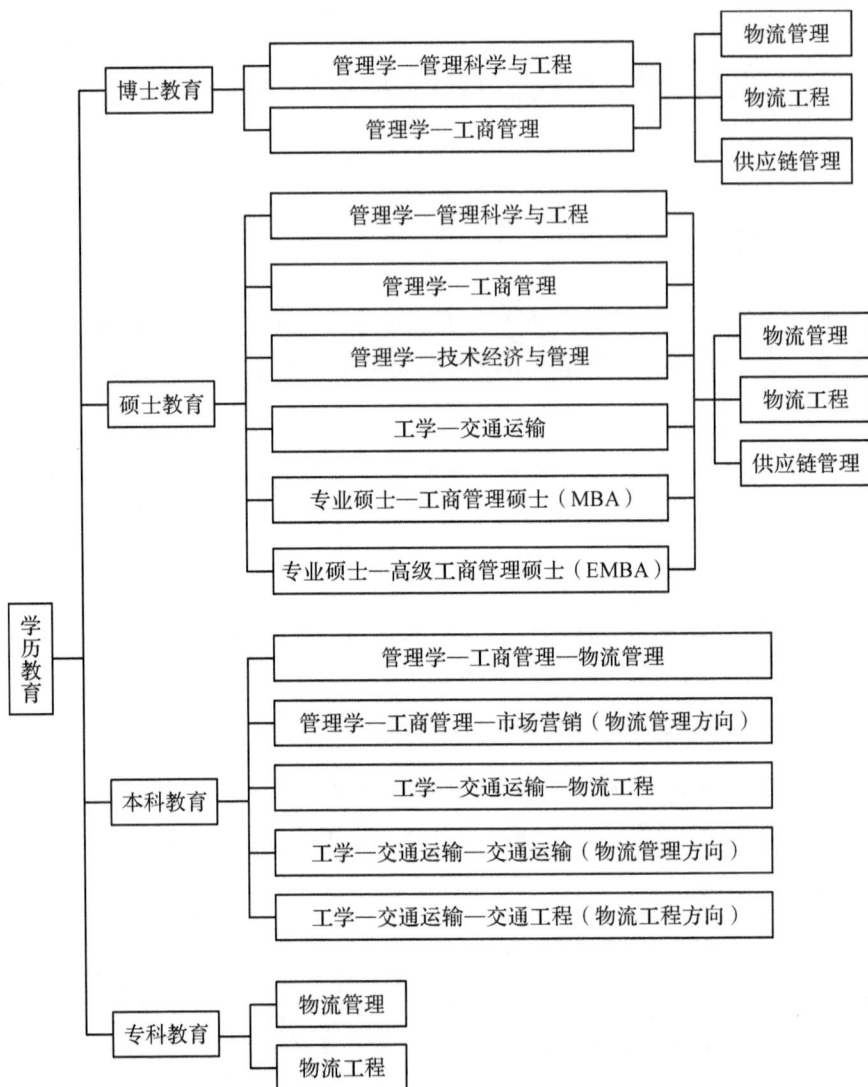

图 2-1 高校物流专业培养模式

生、在校和毕业规模及具体结构。全国各地的情况和结构与浙江省类似。

3. 物流人才教育的发展特点

上述情况表明，现代物流高等教育在浙江乃至全国仍处于起步阶段，但从发展的眼光看，浙江及长三角的物流高等教育与培训已呈现以下特点：

(1)物流专业教育规模扩展迅速

2002 年以前国家教育部批准且已经招收物流管理(110210W)专业本科生的大学有上海有交通大学、同济大学、上海财经大学、上海海运学院、上海大学,浙江还没有。2003 年后上海又增加了几所高校,浙江有宁波大学、浙江大学、浙江工业大学、浙江工商大学等多所高校。

(2)物流专业教育的层次呈现多样化

更多高校的博士、硕士研究生教育已经设置了物流管理、物流工程、供应链管理或相关的研究方向。高校的 MBA、EMBA 培养计划中也大都增加了物流管理方向。不少高校的成人教育学院、职业技术学院,以及一些专科学校也都设立了物流管理专业。这样如上海市和浙江省已初步形成了物流专业教育的完整体系。但目前高校物流学科和专业的定位有一些模糊,高校的人才培养偏重于课堂教学的模式。

(3)物流课程教育的规模空前

为了适应人才市场对学生知识结构的要求,方便毕业生就业,更多高校对经济、管理、交通等相关专业的教学计划进行修订,增加了"物流管理""供应链管理""电子商务与现代物流"等有关物流的课程。

(4)物流培训市场供需两旺

2004 年以来,全国物流人才短缺现状十分突出,特别是上海、深圳、宁波等地将物流产业作为支柱产业,物流专业人才的供需缺口更加突出。物流行业求贤若渴,各类物流职业认证,职业资格证书成为"香饽饽"。在这种形势下社会培训市场火热,但培训项目的层次水平和培训运作的规范度参差不齐。

四、比较香港物流人才需求与高等教育

据香港《物流货运业 2002 年人力调查报告》的有关资料,针对香港经济的特点,物流业主要涵盖:货仓及冷藏库、货车及货柜运输、空运—航空公司、货运代理、船上/码头装卸货物、海运、船务管理及租赁、货运站、国际速递和物流服务经营者。

据 2002 年 1—2 月的统计数据,香港物流货运直接从业人员有 78921 人,其中"物流人才"即经理和主管有 18295 名,占总数 23.18%。香港物流人才占整个产业的从业人员的比例,远远胜过内地城市(如上海、宁波)。

随着物流产业的迅速发展,香港各大专院校纷纷为有志从事物流产业的年轻人开设物流货运本科和研究生课程(如表 2-1、表 2-2 所示),预计每年招收 500 个名额。

表 2-1　香港高等院校研究生教育项目

编号	研究生学位项目	开办院校	修读期
1	理学硕士(物流)	香港浸会大学	2 年
2	物流与运营管理硕士	香港管理专业协会	18 个月
3	国际航运与运输物流(工商)硕士和博士	香港理工大学	2.5 年
4	战略采购与供应管理(工商)硕士和博士	香港理工大学	2.5 年

资料来源:香港物流货运训练委员会《2002 年物流货运业人力调查报告》

表 2-2　香港高等院校物流全日制学历教育项目

编号	项目名称	开办院校	修读期(单位:年)
1	国际航运及运输物流(工商类)	香港理工大学	3(学士)
2	全球供应链管理(工商类)	同上	3(学士)
3	物流工程及供应链管理(工科类)	香港大学	3(学士)
4	运输物流管理(工科类)	香港科技大学	3(学士)
5	国际运输物流(工商类)	香港理工大学	2(高级文凭)
6	运输及物流学(工商类)	香港专业教育学院	3(高级文凭)
7	物流和供应管理	明爱成人及高级教育服务学院	1(专业证书)

资料来源:香港物流货运训练委员会《2002 年物流货运业人力调查报告》

为提升在职人员技能水平,并吸引更多的人才投身物流产业,香港特区政府设立了"技能提升计划"及"持续教育基金",大力资助现职货运从业人员及有意入行人士接受训练。业余物流货运课程每年招收人数如表 2-3 所示。

表 2-3　在职物流从业人员培训计划

	预计课程数	预计每年招收人数
主任级或以上程度课程	100	2000～4000
文员及操作工级课程	30	1000～2000

资料来源：香港物流货运训练委员会《2002 年物流货运业人力调查报告》

除此以外，香港各大学和社会机构还推出 90 多项业余物流专门课程教育，以满足社会的需求。

综上所述，尽管我国内地有关物流学历教育的规模和层次远远超过香港，但从其内涵来看，这些项目与企业所需求的尚有很大的距离。虽然我国各高校或社会团体举办的各类物流培训数量可观，但培训科目涵盖过广。这些培训教育往往介绍或引进的概念多，研讨实际方法论的少；国外物流最新进展谈论得多，国内物流实践结合得少。毋庸置疑，香港培养物流人才的教育形式丰富多彩，既有系统的全日制学历教育，又有"短平快"的针对性单科进修，实务性较强。究其原因，我国内地教育系统与企业之间缺乏亲和力，在产学研的沟通与结合方面尚有明显的不足；课程设置中过分强调学科的归类，忽略了知识的实用性。

从上述香港物流高等学历教育的设置可看出，本科及以上物流专业是以工商管理为主干学科，以运输或国际航运为主干课程，包括物流管理、物流工程和供应链管理三大方面，学科和专业设置体系清晰，而且紧密结合社会发展需要，值得我国内地物流类专业设置与建设借鉴，尤其值得宁波及长三角区域高校学习。

五、本科物流管理专业的设置

宁波工程学院是新升格为本科的地方高校，主要培养适应地方经济发展需求为主的应用型人才。学校办学目标为建设成为特色鲜明、国内知名的工程技术大学，服务于宁波经济社会发展需求。因此，学校本科物流专业的设置与建设应紧密结合宁波物流人才的需求趋势。

根据上述宁波物流人才的社会需求特点,宁波及长三角地区物流产业的发展定位,结合学校现有专业基础,笔者认为应以以下思路设置与建设宁波工程学院物流本科专业。

1. 本科物流专业设置体系

按国家学科分类设置专业的原则,结合专业所服务社会的对象,宁波工程学院应以工商管理——物流管理(管理学士)来设置物流类专业。以管理学、交通运输、经济学为主干学科,以国际物流、国际航运管理、港口物流管理等为主干课程构建专业培养体系。在现有国际航运管理、国际贸易专科基础上发展建设,与宁波地域经济特征相结合培养懂得国际贸易、国际运输和国际采购等国际物流领域且第三方物流操作的专门人才,即国际物流管理应用型人才。

2. 专业发展特色

社会对物流人才的需求是多样化的,宁波及长三角地区对专门物流人才需求更为迫切,能否适应社会将是高校物流专业具有竞争力的关键。因此,为适应宁波及长三角经济社会发展的特点和要求,宁波工程学院物流专业应以港口国际物流为专业发展特色,培养满足国际航运管理、国际货运和船舶代理、国际货物报关报检、港口生产管理、国际采购等职业岗位群需求的高级人才。据了解,以国际物流管理为特色的物流本科专业在浙江省内基本空白。宁波工程学院此学科专业已有一定的办学基础和力量,如现有物流专科专业就是以国际物流管理方向进行建设的,国际贸易专业、对外贸易英语专业也已开办多年,具备较好师资力量和条件。

3. 专业培养目标

根据以上学科设置和专业发展特色,确定宁波工程学院物流本科专业的培养目标:本专业立足于宁波及长三角区域国际物流发展的需求,以现代物流和国际运输理论为基础,以现代物流管理、国际贸易与国际物流实际操作为特色,培养以适应经济全球化对物流人才的新需求的物流管理应用型高级人才。该专业毕业生毕业后主要入职国际物流企业、外贸服务企业、港航企业、国际连锁经销企业等，从事国际物流运作与组织、外贸集装箱运输、货物仓储与配送、代理与报关报检业务、国际商务管理、物流规划与管理等工作。

参考文献：

[1] 徐天亮.本科物流类专业设置体系与培养分工[J].高等工程教育研究,2002(02).

[2] 徐大振,等.上海现代物流业发展的人才需求与培养对策研究报告[R].上海市计委,2003.

宁波市服务型教育重点专业建设实践与探索

引　言

本案例来源于《宁波工程学院学报》,2010 年 6 月,第 22 卷第 2 期。

宁波工程学院港口物流管理专业被列为首批宁波市服务型教育重点专业。本案例在该专业的建设与实践探索中,按地方重点产业需求确定的专业建设方向与人才培养目标,提出了"知行合一、双核协同"的人才培养模式。在理论教学体系与实践教学体系建设中突出应用型人才培养的特征,重视校企合作培养与平台建设等内容,并简述了专业建设的措施、成效与保障。该案例确立了物流管理专业人才培养的基本模式,建立了清晰的理论课程体系与实践教学体系,特别是探索了产教融合的育人方式,进一步厘清人才培养的定位与目标。

服务型教育重点专业建设是宁波市深化服务型教育体系建设的重要举措,该措施主要针对宁波市"5+5"①"6+4"②重点和主导产业,以培养经济社会发展急需的高素质应用型人才为根本任务,深化高校教学改革,提升专业办学水平,进一步发挥现有高校学科专业优势,创建专业教育的新载体,促进学历教育与职业(执业)能力教育相结合、教育与培训相结合,为地方经济转型升级提供

---

① 工业中装备制造、电子电器、汽车及零部件、石化和高档纺织服装五大重点优势产业;新材料、新能源、新光源、软件及服务外包、医疗及保健设备等五大新兴产业。

② 现代服务业领域中外贸出口、进口及内贸、运输物流、金融服务、会展、休闲旅游等六大支柱产业;科技与信息、文化创意、中介服务、高端培训等四大主导产业。

人才培养培训服务。服务型教育重点专业建设内涵与传统高校重点专业建设有很大的区别,特别重视双证书人才培养,强调加强高端培训机构培育工作。这也是国内首次在专业建设层面提出"服务型教育重点专业"概念,体现了宁波高等教育教学改革的新理念。宁波工程学院是紧密服务于地方的本科院校,其中物流管理(专业方向为港口物流,以下也称港口物流管理专业)被列为宁波市服务型教育重点专业,建设周期为4年,政府财政资助经费300万元,学校同时给予1:1配套资助。本文主要就该专业的建设实践,探索宁波市服务型教育重点专业建设的新思路与新途径,为培养地方产业急需的应用型专业人才提供借鉴。

一、依据宁波市产业需求确定专业建设方向与人才培养目标

1. 立足产业,确定建设方向

港口是宁波最具优势的资源,是宁波城市发展的生命线,也是我国长三角地区发展战略的重要组成部分。以港口为核心的物流产业是适应现代港口功能发展的必然选择,是港口城市以港兴城的重要内容。加快发展港口物流业,对于推进工业化、城市化、信息化及促进产业发展具有十分重要而深远的意义。世界著名港口城市的港口物流产业占其 GDP 的 20% 以上。浙江省政府、宁波市政府把发展港口物流作为促进港口城市建设的重要战略,将港口物流业作为临港产业发展的支柱产业之一。

得益于得天独厚的深水良港及发达的区域经济,宁波已经成为浙东地区重要的交通枢纽,全国乃至全球重要的物资集散中心、国际贸易中心和物流中心,对港口运输、物流及国际贸易等人才具有巨大的需求。因此,宁波工程学院自2001 年在全市率先开设物流管理专业以来,并且坚定地以港口物流为建设方向。实践证明该专业紧密结合地方产业链的发展,具有特色性。

2. 对接人才需求，确立培养目标

依据上述产业链及人才需求分析，宁波工程学院物流管理专业培养计划中培养目标为：培养具有扎实的现代物流管理知识，较高的英语水平和物流信息技术应用能力，系统地掌握港口物流、国际物流与供应链管理理论，熟悉国内外先进物流技术与技能、物流相关法律法规，能够从事港口物流、国际物流、货运代理、仓储与配送、现代物流组织与规划、物流系统规划设计等物流业务及外贸进出境报关与报检相关工作的应用型高级物流管理专门人才。

毕业生就业方面主要面向港口企业、航运企业、各类物流企业及政府相关管理部门，从事船货代理、报关、报检、货物运输组织、仓储管理、采购与配送等业务及物流规划、物流运作管理等工作。

培养计划中鲜明地突出了港口物流的特色方向，以培养应用型人才为明确目标。这与宁波市服务型重点专业的建设要求是相符合的。

二、专业建设的基本思路与实践探索

1. 专业建设的基本思路

宁波工程学院港口物流管理专业要建设成为宁波市服务型重点专业，需要进行教学体系、人才培养模式、课程设置等一系列的改革和不断探索。经研讨，学院制定了该专业建设的基本思路：以"知行合一、双核协同"的人才培养模式，培养宁波市港口物流行业急需的高素质应用型人才，整合现有专业及培训资源，构建"双证书"应用型人才培养体系，改革教学内容与方法，建设"双师型"师资队伍，创新产学研合作机制，使宁波工程学院的港口物流管理专业成为支撑我市"运输物流""外贸出口"和"进口及内贸"等支柱产业发展的人才培养基地。

2. 凝练人才培养模式

宁波工程学院自 2004 年"升本"以后，在专科教育"一主两辅""一精多

能"人才培养模式的基础上,提出并开始实施"宽口径、强能力、实用性"人才培养模式。近两年来,在建设宁波市服务型重点专业过程中,经反复论证与凝练,开始贯彻实施"知行合一、双核协同"的人才培养模式。经过不断改革、探索和实践,目前的人才培养模式体现了宁波工程学院应用型人才培养的特征,内涵丰富。

宁波工程学院的"知行合一、双核协同"人才培养模式是指:人才培养理念和培养途径——"知行合一",既坚持理论与实践相结合,又坚持产学研相结合;培养方法——"双核协同",即专业核心课程优化和专业核心能力培养协同,努力培育应用型的特色人才。

"知行合一"是一种教学思想,为宁波工程学院的校训。宁波工程学院的本质属性是工程应用型本科院校。首先,作为本科院校要注重理论性,要强调"知";其次,作为工程应用型院校要强化应用性,要强调"行"。也就是说,学校的本质属性决定了必须坚持理论"知行合一、双核协同",将现代工程师培养模式的探索与实践相结合。再次,"知行合一"培养的现代工程师应是"言行一致""学以致用"的。它是应用型人才培养中最重要的特征。

港口物流管理专业紧紧围绕"知行合一、双核协同"的理念与模式构建理论教学体系与实践教学体系。主要是以专业核心能力为主线设置核心课程,以职业岗位要求构建专业实践教学体系。

3. 专业理论教学体系建设

宁波工程学院港口物流管理专业在制订理论教学体系中,首先根据专业培养目标,确立专业核心能力,再以核心能力为主线设置核心课程,辅以其他综合素质课程。理论教学体系构建基本思路如图3-1所示。

核心课程建设是专业建设重要环节,是专业核心能力培养的重要载体。根据上述思路宁波工程学院物流管理专业的专业核心课程设置8—10门,分批以项目形式资助建设,每门课程建设周期2—3年,财政资助经费每门3万元。课程建设目标为建设期内,将核心课程建设成为校级精品课程,达到省级精品课程的要求。并主编或参编出版具有一定特色的教材。建设完成核

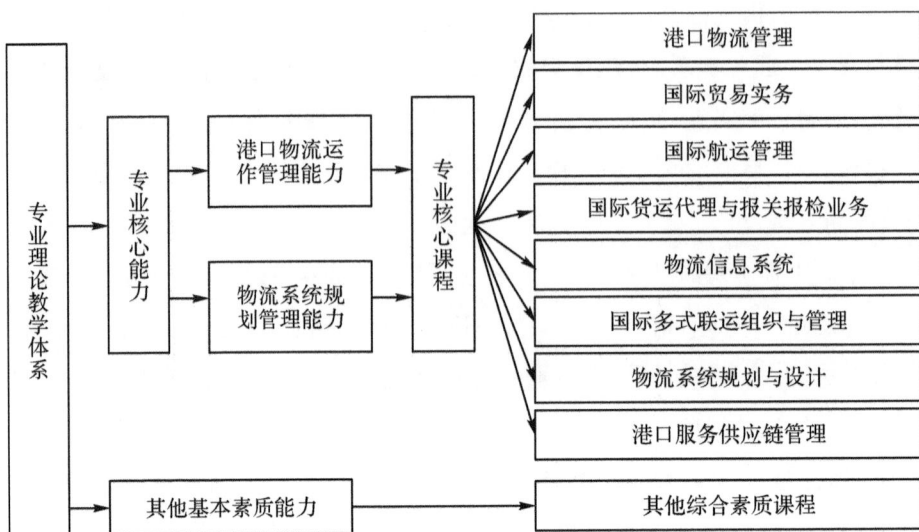

图 3-1 物流管理专业理论教学体系

心课程网站,课程教学课件、实习实训大纲、试题库等教学文件上网,可供全市各院校师生共享。

4. 师资队伍建设

师资队伍建设是专业建设的又一重要载体。宁波工程学院港口物流管理专业的师资队伍除了在总量、职称结构、学历结构超过一般本科专业的要求外,在建设中突出以下特点。

(1)加强"双师型"教师队伍建设

要求专任教师到企业一线学习锻炼,建立教师培训、交流和深造的常规机制,鼓励教师参加相关专业高端培训,获得国际或国内职业(执业)资格证书。在师资队伍建设规划中,明确要求 50% 以上的专任教师具备"双师型"资格。

(2)重视兼职教师队伍建设

建立和不断完善兼职教师队伍组成和结构,是满足应用型人才培养要求的途径之一,做到专兼结合,取长补短。一方面解决自身教师力量的不足,另一方面通过兼职教师与校内教师的交流能及时了解企业的发展动态,了解建设一线对人才在知识和技能方面的要求,为专业方向调整、课程设置提供可靠的信息。

在现有兼职教师数量和质量的基础上,力争 2—3 年内,根据不同专业方向聘任若干名具有高级职称和丰富生产经验及较强的实践技能的兼职教师,补充校内师资队伍,满足教学要求,保证教学质量。学校正抓紧实施企业兼职教师的引进和聘用制度。

(3)教师下企业锻炼制度化

积极鼓励青年教师到科研机构、港口物流企业学习、交流,每年有计划地组织教师到企业挂职锻炼,推动校企双方的合作。针对企业技术改造、科技开发的实际需要,加强应用研究与技术开发,提高教师的业务实践经验和解决实际问题的能力。宁波工程学院已制定了教师下企业的政策措施,将教师下企业纳入年度考核的内容之一。

5."双证书"人才培养策略

宁波工程学院在港口物流管理专业建设中,实施"1＋N 双证书"人才培养策略。即学生毕业前必须取得一个经学校专业建设指导委员会认定的职业资格证书,鼓励学生取得其他若干职业资格证书,从而提高学生的职业(执业)能力。结合港口物流管理专业的培养目标及就业去向,将全国报关员、报检员、国际货代资格证之一作为必选职业资格证书;同时列出物流师、采购师、单证员等证书由学生任选。"双证书"培养主要途径为:

①将有关资格证书考核的课程纳入教学计划,以提高毕业生与职业资格证书相应的技能水平。

②将学历课程与职业资格证书课程有机衔接,建立"直通车"机制。

③教学计划中给予职业资格证书一定的学分,或和一些全校性选修课程互抵学分。获得规定的职业资格证书计 2—4 个学分,其他相关的职业资格证书可抵选修课程 1—2 个学分。引导学生积极获取职业资格证书,并以此提高其专业实践应用能力。

三、专业建设的主要措施、成效与保障

1. 主要建设措施与成效

以科学的规划项目为抓手，以平台建设为重点，按计划分批建设、严格验收，可持续建设发展。也就是说，专业建设的内容必须按照建设目标，制定年度建设任务，以立项形式开展建设。专业建设委员会负责项目审定与验收，项目建设中重点打造专业平台，形成标杆性成果。

2007年以来，通过两批项目的建设，该专业已形成市级三大平台：宁波市十大应用型人才培养基地之一——宁波市港口物流应用型专业人才培养基地，宁波市政府与中国社科院合作成立的九大研究中心之一——宁波国际港口与物流研究中心和宁波市社会培训平台（宁波市物流类职业培训中心、宁波市服务外包培训基地）。三项平台在宁波形成了较大影响，较好促进了专业人才培养、学科研究与社会培训的发展。

该专业在2008年被列为市重点专业，2009年被列为省重点建设专业。已有"港口物流管理"等4门课程被列为市级精品课程，已出版《仓储管理》等4本国家"十一五"规划教材，《国际物流》等2本省重点教材。

整合校内外资源，加强校企合作建设。校内港口物流管理专业整合了宁波工程学院交通运输和国际经济与贸易等专业的师资、实验设备、课程建设等资源，形成了专业群的集合力。校外联了十余家港口物流骨干企业、物流行业协会和宁波市内两所本科院校，搭建了较强的产学研合作平台与校企合作培养平台。

目前，宁波港集团等十二家校外企业已成为专业稳定的实习实训基地，数位企业专家成为宁波工程学院专业客座教授，校企共同参与核心课程建设、共同制定课程教学体系、共同进行学生技能考核等。校企合作并实施了合作培养"订单式"学生的模式，该模式主要是合作企业与大学二年级学生双向选择，选取部分学生在假期进入企业实习、实践,学生将作为实习生开始由企业培养,并受到企业提供的奖学金资助,毕业后企业直接签约录用。该模式实现了校、企、学生三赢的局面,从 2007 年实施以来,受到了合作企业和学生的热捧,首批参与的企业和学生都高度认同。

2. 专业建设的主要保障措施

①组织机构。整合全校及合作单位资源成立了专业建设领导小组,由校、院领导和专业负责人组成,实行责任制。

②配套政策。学校给予 1∶1 建设配套经费。

③管理制度。制定专业建设运行规章制度与项目管理、验收和经费使用等办法。

④经费使用方案。根据专业建设任务书按年度按项目规划经费,合理使用经费,发挥经费最大效用。

参考文献

[1] 浙江省宁波市人民政府关于深化服务型教育体系建设加快培养高素质应用型人才的若干意见[Z].甬政发[2008]86 号文件.

[2] 高浩其,等.“知行合一、双核协同”现代工程师培养模式的探索[J].高等工程教育,2007(4).

[3] 陈新民.完善本科院校应用型人才培养体系的几点思考[J].中国大学教学,2009(1).

[4] 岳爱臣.论应用型高校人才培养的原则[J].高等工程教育研究,2008(5).

基于"CPOT"理念的应用开发型物流专业人才的塑造

引 言

本案例来源于《科技文汇》,2014 年 2 月,总第 268 期。

案例从应用开发型物流专业人才的内涵分析入手,基于"CPOT"理念深入剖析了应用型本科院校在应用开发型物流人才塑造环节的"双基为本、理实为范、社会为据、卓越为纲"的培育方法,理性探讨了支撑应用开发型物流人才培养的"知行合一、科教融合、融东贯西、顶天立地"等一系列措施。

随着产业的转型升级,经济社会对应用开发型物流人才的需求愈来愈强烈。物流人才不再简单地局限于运输、仓储、装卸、搬运、包装、流通加工、配送等领域,作为复合型人才,已深深扎根于制造业、农业、流通业等产业之中,尤其是智慧城市的构建,物流信息管理、物流成本核算、物流方案设计、物流服务咨询、物流经济评价、物流运营控制等领域更青睐具有应用开发能力的物流专业人才。

一、应用开发型物流专业人才的内涵分析

应用开发型物流专业人才是处于应用和开发之间的一种人才培养类型。它要求基础理论和综合素质的统筹,知识共性传承和专业个性突破的兼容,已有方法流程维持和未来模式路径更新的并重。所谓应用,基本释义就是指一种

技术、系统或产品的使用。所谓开发,其基本意义一是指通过研究或努力,开拓、发现、利用新的资源或新的领域,二是指对新资源、新领域的开拓和利用。从字面意义剖析,应用的重心在于理论的科学传承,方法的熟练掌握,流程的整体领会,技能的娴熟操作。开发的重心则在于理论的推陈出新,方法的开拓革新,流程的重组再造,技能的实验创新。应用开发型物流专业人才应该具备管理学科以及物流专业的基本理论、基本素养,具有鲜明的个性特色以及敢于创新、善于创新的情商。

二、应用开发型物流人才塑造的方法

应用型本科院校在人才培养模式改革的征途上,必须稳固"核心"(Core)、确立"范式"(Paradigm)、选准"导向"(Orientation)、明晰"目标"(Target),简称"CPOT",这是改革的基础。

本案例研究针对应用型本科院校人才培养模式改革和运作,紧紧围绕四个关键词"核心""范式""导向"和"目标"展开。核心(Core):在人才培养的进程中狠抓基本理论和基本技能的教学是应用型本科院校的核心,所以,要以"双基为本"。范式(Paradigm):应用型本科院校的教学必须走理论教学和实践教学一体化的道路,这种"理实一体化的范式"有利于人才培养质量的提升。导向(Orientation):应用型本科院校的办学体制必须以市场需求,社会诉求为己任,所以,必须坚持"以社会需要为办学的依据"。目标(Target):应用型本科要生存、要发展,必须追求一流的业绩,所以,"追求卓越必然成为各项工作的纲领"。

(1)以基本理论、基本技能的训育为教学计划之本

应用开发型专业人才的培养路径,首先要稳固"核心"(Core),抓住根本。这就是要以专业的基本理论和基本技能的训育为教学计划的核心,形成基础架构,即以"双基"为本。因为,通过强化"双基"的核心地位,可以产生巨大的波及效用和造血功能。

"双基"具有核心地位。"通往教育深层的必由之路就是由基本知识、基本

技能铺设的,双基内容应该是作为社会人生存、发展的必备平台"。基本理论是基本知识的核心内容,专业教学计划只有通过学科基础平台和专业基础平台的搭建,形成系统的基本理论和基本技能架构,才能积聚支撑专业拓展和可持续发展的动能。

"双基"产生波及效用。波及效用是一种助推力,它使知识的外延逐步扩大,向外延展。应用开发型人才的培育必然需要自主学习,自主学习的过程是一种波及现象,而波及现象的形成需要"双基"原动力。专业教学计划的实施具有系统性和循序渐进性,前导课程、后续课程的排列需要精心研讨和设计,以利于"双基"原动力的发挥,从而加大波及效用的延展。

"双基"具有造血功能。血液是维持生命体系的重要元素,若将专业教学计划的实施比作教育的"生命"体系,"双基"就可看作是该循环系统的造血"干细胞",助长应用开发能力的形成和发展。

(2)以知识传承、实验创新一体化为教学方式之范

应用开发型人才的培养路径,在重视"双基"的理念下,其教学方式的最佳选择还是"理实一体化"的范式(Paradigm)。诺贝尔经济学奖获得者弗农·史密斯(Vernon L. Smith)认为实验经济学就是在受控制的实验室条件下,分析行为主体的经济行为的经济学分支学科。约翰·海(Hey J. D.)进一步指出了实验在经济学中的三种主要用途:理论的验证与评价,寻求新信息和新思想以及验证解决实际问题的方案。

理实一体化教学范式的实施需要教学计划、课程计划、实验室条件的高度一致。专业教学计划确立了理论知识的前导后续,同时也确立了实验项目的先后排序,这个排序要落实到每门课程中去,每个实验需要营造什么情境,需要什么软件运作,需要完成什么任务,需要实现什么目标,等等,都需要在实验计划中预设方案。没有周密设计的实验,按实验条件被动设计的实验,均与理实一体化教学范式要求相违背。

理实一体化教学范式不仅有利于知识的传承,更重要在于通过实验创新助推应用开发型专业人才的培养。因为对个性突出的开发型人才,往往通过实验能够拓展新视野、启迪新思维、产生新方案、形成新设计。新时期的专业建设,

理实一体化的教学不应只局限在室内实验,更应在社会生产实境中训练,以强化对流程的认知和把握,对能力的训练和提升。

(3)以市场博弈、社会需求的驱动为选修内容之据

以应用开发型人才培养定位的专业教学计划,不仅要严密设计学科基础平台、专业基础平台的课程安排,其专业方向选修课程也是其重要的组成部分。选修课程的筛选、课程内容的确立必须以市场需求、社会诉求导向(Orientation),即坚持以社会需要为专业选修内容取舍的依据。

应用型本科院校虽然将人才培养规格提升到应用开发层次,但主要的就业出路还是在区域。当人才培养方案与区域经济、社会发展的关联度、契合度较高时,学校的办学生命力就强,否则,方向就会偏离。以物流专业为例,在沿海港口城市,港口物流、临空物流、货代报关、国际物流等课程地位将被加强。在内陆地区,无水港物流、农资物流等课程也会被侧重。因而,市场机制驱动课程增删,社会诉求决定专业方向,区域环境影响学科布局。

(4)以讲实求精、追求卓越的标杆为教学评价之纲

为确保应用开发型人才培养路径保持在正确的轨道上,应该建立科学的评价体系作为路径引导的目标(Target)。应用型本科院校要生存、要发展,必须以讲实求精、追求卓越的标杆评价教学计划的执行。

应用开发型专业人才的培养必须讲实求精、追求卓越,以物流专业为例,一方面是社会发展的诉求,另一方面,也是物流活动自身的运营规律。

1."双基"为本

塑造应用开发型物流人才,首先要稳固"核心"(Core),抓住根本,这就是要以物流专业的基本理论和基本技能的训育为教学计划的核心,形成基础架构,简称为"双基"为本。通往教育深层的必由之路就是由基本知识、基本技能铺设的,双基内容应该是作为社会人生存、发展的必备平台。基本理论是基本知识的核心内容,它是通过物流学科基础平台和物流专业基础平台的搭建,形成系统的基本理论架构,支撑物流专业应用开发人才的创新拓展。基本技能是由物流的各种基本职能和相关物流业务活动凝炼出的物流运作的流程、方法、技巧

的集合,它通过物流实验、实训以及社会实践活动,有机结合物流基本理论,形成一种寓含在物流作业过程中的个体行为方式。

应用开发型物流专业人才塑造的"双基"体系的元素应包括高等数学及建模理论、物流专业英语、管理学基本原理、经济学基本原理、运筹学基础理论、物流学基础及管理概论、供应链管理理论、物流规划理论、物流作业实务、物流工程实务、国际货代及报关报检实务、物流信息运营及管理实务等。这些物流专业的"双基"元素将支撑应用开发型物流专业人才知识的有效拓展、可持续发展和物流技能的高效发挥。

随着智慧经济的到来,大数据、云平台等新技术彻底颠覆了传统的知识传递方式,在这种背景下,更应该将重点放在支撑思维和操作的基础层面,即强化对基本理论和基本技能的培育。

2. 理实为范

塑造应用开发型物流人才,在重视"双基"的前提下,其教学方式的最佳选择还是"理实一体化"的范式(Paradigm)。物流作为一个兼具管理学、经济学、工学等特征的复合型学科,其专业教学更需要实验的辅助。

理实一体化教学范式不仅有利于知识的传承,更重要的方面在于通过实验创新助推应用开发型物流专业人才的培养。因为对个性突出的开发型人才,往往通过实验能够拓展新视野、启迪新思维、产生新方案、形成新设计。作为物流专业,理实一体化的教学不仅仅局限在室内实验,更重要的在于社会生产实境的训练,以强化对流程的认知和把握、对能力的训练和提升。

3. 社会为据

以应用开发型人才培养定位的物流专业教学计划,不仅要科学设计学科基础平台、专业基础平台的课程安排,其专业方向选修课程也是其重要的组成部分。选修课程的筛选,课程内容的确立必须以市场需求、社会诉求为导向,即坚持以社会需要为专业选修内容取舍的依据。

物流专业从 20 世纪 90 年代中后期逐步纳入高等学校专业试点,到 2012

年9月国家教育部正式将物流管理与工程单列为普通高等学校本科专业目录中的一类,这标志物流专业的地位得到了人们的认可。但由于物流的学科地位以及社会的共性认知还处于定性完善阶段,基础物流、专项物流、特殊物流等物流外延仍在扩展之中,生产物流、流通物流、消费物流、逆向物流也在随不同的分类标准而细化为不同的物流领域。在这种纷杂多变的背景下,应用型本科院校必须以区域社会需求为导向,着力构建独具特色的人才培养方案和专业教学课程体系。

4. 卓越为纲

应用开发型物流人才的培养必须讲实求精、追求卓越,一方面是社会发展的诉求,另一方面,也是物流活动自身的运营规律。物流成为"第三利润源泉",是因为经济社会发展已进入精益管理、客户第一、服务制胜阶段。在这个阶段,社会环境已形成了精益生产的意识,如果物流专业人才不能讲实求精、追求卓越,必然不能适应社会的发展。再者,物流过程是讲求以合适的时间(Right Time),合适的场合(Right Place),以合适的价格(Right Price)和合适的方式(Right Channel or Way)向合适的顾客(Right Customer)提供合适的产品和服务(Right Product 或者 Right Product or Service),使顾客的个性化需求(Right Want or Wish)得到满足。"7Rs"的目标,若不能以讲实求精、追求卓越为纲,就不可能实现。

2013年6月16日至21日,国际工程联盟大会在韩国首尔召开。我国高等工程教育申请加入《华盛顿协议》的议案经《华盛顿协议》全体签约成员表决,全票通过,成为《华盛顿协议》的第21个成员。这说明经过多年的耕耘,我国高等工程教育的质量已被国际社会认可。作为应用型本科院校的物流专业,应该发挥其复合性优势,勇敢攀登,在卓越工程领域占领一席之地。

三、应用开发型物流人才塑造的措施

1. 知行合一

知行合一是由我国的明代教育家王守仁提出的,他认为既不能以知来吞并行,认为知便是行;也不能以行来吞并知,认为行便是知。强调"知是行的主意,行是知的功夫;知是行之始,行是知之成"。民国时期的教育家陶行知先生进一步充实了知行合一的理念。应用型本科院校坚持知行合一就是要坚持课堂理论教学与实验室实验教学有机统一;坚持科学知识应用与作业流程创新有机统一;坚持校内学习与社会实践的有机统一。

物流是一个复合性、实践性很强的专业,作为应用开发型物流人才,一方面要学习本专业的基本知识,另一方面也要掌握物流实践管理与决策的基本技能,这两个方面是互相促进的。只有做到知行合一,才能把先进的理论与知识用于物流实践中;只有做到理论和实践的统一,才能在物流实践中不断发现问题、解决问题、创新物流理论、发展物流学科。知行合一既能加强应用开发型物流人才的应用与实践能力,又能促进应用开发型物流人才的开发和创新能力,因此,知行合一是培养应用开发型人才的孵化模具。

2. 科教融合

教学和科研是现代大学最重要的两项职能,也是萦绕在高教领域让人深思的话题。作为应用型本科院校,如何以创新人才培养为前提,通过科研与教学在形式和内容上相互渗透而形成独具特色的人才培养的新路径,事关应用开发型人才的培养质量。应用开发型物流人才培养需要科研和教学的紧密结合,以科研带动教学、以教学促进科研。应用开发型物流人才的开发能力培养需要不断强化物流科研能力,努力去创造新的物流知识与技术,站在物流学科最前沿去创新和发展物流科学;应用开发型物流人才的应用能力的培养需要把最新的物流理论和物流科技在教学中传递给学生,学生掌握了这些先进的工具才能在更高的层次去指导物流实践,在工作中才更具有竞争力。科教融合才能形成科研和教学循环提升的动力,成为人才培养机制的发动机。

3. 融东贯西

物流作为物品的"呵护神",时刻伴随着物品的移动和储藏。由于生产已经实现了国际化,所以,物流必须伴随物品真正走向国际化。不同的民族有着不同的文化,不同的国家有着不同的法律。因而,国际化的物流专业人才必须具有融东贯西的宽广胸襟和综合素养。

现代物流是物资、人员、信息、资金等要素在生产、销售、储运、配送等领域中构成的社会化服务综合体。随着经济全球化,物流教育也要不断开阔视野,了解国外物流的理论、管理法规等最新动态,学习国外物流的先进知识,借鉴国外先进的物流教育模式,适时调整专业建设和教学内容。融东贯西就是要培养既了解国内物流运作,又悉知国外的物流情况的现代物流人才;要求物流专业的建设要放眼世界,大力拓展人才培养视野和全球化运作思维,保持物流教育的先进性。

4. "顶天立地"

尽管应用型本科院校具有显著的区域性,但在个别领域,往往会出现占据某一学科发展前沿的闪光点。尤其是在物流流域,由于国内整体起步晚,因而差距相对不明显。这就造就了应用型本科院校崭露头角的突破口。

实事求是地说,发达国家的物流产业及教育的发展程度远远领先我国,开展物流教育除了本着"拿来主义"原则,更重要的是在吸收借鉴的基础上凝练自己的特色。"顶天立地"正是凝练应用开发型物流人才培养特色的助推器,"顶天"就是要站在物流理论的最前沿和制高点来审视和指导人才培养,看到不同院校的优势与不足,找到自身的发展机遇与空间;"立地"就是物流人才的培养需要考虑学校的实际情况,服务当地经济,打造自身的优势,凝练自身的特色,能够确保应用开发型物流人才培养在理论方面能"上"到世界先进水平,在实践方面能"下"到实际应用。

四、结语

综上所述,应用型本科院校要成功打造应用开发型物流专业人才,通过运用"双基为本、理实为范、社会为据、卓越为纲"的方法,采取"知行合一、科教融合、融东贯西、顶天立地"等重要措施,必然能在人才培养和创新方面闯出一条新路,形成一条实现物流专业高层次人才培养最终目标的最优路径。

参考文献:

[1] 约翰·D.海.微观经济学前沿问题[M].王询,卢昌崇,译.北京:中国税务出版社,2000:183-185.

[2] 邵光华,顾泠沅.中国双基教学的理论研究[J].教育理论与实践,2006(2):40-52.

[3] Smith,Vernon L. An Experiment al Study of Competitive Market Behavior[J]. Journal of Political Economy,1962:111-137.

[4] 岳爱臣,秦艳芬.应用开发型人才培养模式的探索与实践[J].教育与职业,2008(9):154-156.

(本案例由原作者宁波工程学院朱占峰教授提供,
张晓东、朱耿老师参与研究)

物流复合人才的能力素质与知识结构

引　言

本案例来源于《中外企业家》,2007 年 3 月,第 3 期。后转载于《人大复印报刊资料——物流管理》,2007 年第 6 期。

物流业发展需要复合型物流人才,本案例通过分析我国物流企业人才的现状及物流业发展对物流人才的知识、能力要求,提出了物流人才培养方面的知识结构和能力素质要求;并对我国物流复合型人才的培养提出了具体的指导建议。本案例对宁波工程学院物流管理专业课程设置与课程内容改革提供了支撑。

一、现代物流需要复合型物流人才

现代物流业是一个兼有知识密集和技术密集,资本密集和劳动密集特点的外向型、增值型的服务行业,其涉及的领域十分广阔,在物流运作链上,物流、商流、信息流、资金流贯穿其中,物流企业管理与运营需要各种知识和技术水平的劳动者。

由于物流具有系统性和一体化以及跨行业、跨部门、跨地域运作的特点,且企业因面临降低成本的压力而增加对岗位多面手的需求,因此具有较为广博的知识面和具备较高综合素质的复合型人才日益受到企业的青睐。譬如:①仓库主管人员:具备物流作业各环节管理的基本素质,熟悉车辆保养维修、物业管理等方面的知识,懂得如何最合理地调度企业的车辆和人员,如何最为合理地规划进出货,如何选择最优化的行车路径,如何最大限度地为承运企业节省成本,提高效率。②配送管理员:能够制定配送作业流程;能够选择合理的配送路线;能够组织货物配送物资的分拣、配货、配载、包装等作业;能够对货物的交付期进行管理。③货代员:系统掌握国际物流及国际贸易理论和实务方面的知识,熟悉进出口业务各环节和交易程序,熟悉国际货运代理的流程,并能独立进行实际操作。

二、复合型物流人才的知识结构

现代物流业的竞争已从低端的价格竞争转向高端物流和信息流的能力竞争。因此,开展国内外综合物流业务的一个重要条件就是必须拥有一大批善于运用现代信息手段,精通物流业务,懂得物流运作规律的管理人才。

物流人才既要懂得物流技术,又要懂得物流经济,不仅要熟悉物流管理技术,成为储存保管、运输装卸的专家,更应掌握企业供应链流程,熟悉物流信息技术系统,掌握电子商务技术,国际贸易和通关知识、仓储运输专业知识、财务成本管理知识、外语知识、安全管理知识、法律知识。随着物流人才数量的增加,企业对物流人才的需求则从数量型向素质型转变,不单纯追求人才的数量,更注重那种政治思想好、实践能力强、能够很快为企业带来直接或间接经济效益的,在其专业技术应用领域有较强创新能力的,有事业心、责任心、适应力强的物流人才。

企业对物流人才的需求还从专业型向复合型转变,除了要求掌握物流专业知识和技术外,还要求其精通一门以上外语,熟练运用计算机,有较宽知识面等。现在最为抢手的物流人才是那些掌握现代经济贸易、运输与物流理论和技能,且具有扎实英语能力的物流经营型人才。

为了满足企业对现代物流人才的需要,一个合格的物流人才应该具备以下八个方面的基础知识,并在实际中根据需要不断学习,完善自己的知识结构。

(一)国际贸易实务和国际结算知识

国际贸易包括国际采购、国际结算等。物流是商流的载体,物流活动是贸易活动的货物交付过程。随着改革开放的不断深入,国内市场和国际市场的融合程度日益紧密,外资企业"请进来"和国内企业"走出去"将是大势所趋。因此,提供综合性物流服务的企业,就成为一个采购和供给双方的货物交接和结算点,多家供货商通过物流企业向采购方供货,并通过物流企业向采购方结算。物流企业的从业人员,也就需要掌握相关的国际贸易、国际结算知识以及了解国家对外汇管理的有关法律法规。

(二)报关与报检知识

在通关方面,国际贸易活动必然要涉及通关作业,通关环节的相关政策和法规对物流方案的设计和物流流程的制定具有重要的影响,如贸易性质是一般贸易下的出口还是进口,是来料加工还是进料加工,涉不涉及退税,报关方式是进口保税、出口监管还是转关运输,以及在通关环节可能要产生的各种费用,等等。另外报检知识也是通关业务人员必须掌握的知识。

(三)运输专业知识

运输包括海运、空运、铁路和公路运输等。综合性物流企业所从事的业务通常要涉及多种运输方式和手段,多式联运的执行水平也是衡量企业综合能力的指标之一,在一单业务中,可能要涉及海运、空运、铁路和公路运输等环节。

运输是物流的核心业务之一,也是物流系统的一个重要功能。因此,物流人才应该了解选择何种运输手段有利于提高物流效率。在决定运输手段时,必须能够权衡运输系统要求的运输服务和运输成本。一般可以从运输机具的服务特性来判断,如运费,运输时间,频度,运输能力,货物的安全性,时间的准确性,适用性,伸缩性等。同时了解物流设施,它是组织物流系统运行的基础物质条件,包括物流站、场,物流中心、仓库,物流线路,建筑、公路、铁路、港口等。

(四)仓储专业知识

在物流系统中,仓储和运输是同样重要的构成因素。仓储功能包括了对进入物流系统的货物进行堆存、管理、保管、保养、维护等一系列活动。因此,物流人才应该了解仓储的作用,一是完好地保证货物的价值,二是为将货物配送给用户,在物流中心进行必要的加工活动而进行的保存。随着经济的发展,物流由少品种、大批量物流进入多品种、小批量或多批次、小批量物流时代,仓储功能从重视保管效率逐渐变为重视如何才能顺利地进行发货和配送作业。流通仓库作为物流仓储功能的服务据点,在流通作业中发挥着重要的作用,它将不再以储存保管为其主要目的。

(五)物流信息知识

现代物流是需要依靠信息技术来保证物流体系正常运作的。物流系统的信息功能,包括与物流活动各项功能有关的数据信息储存、业务处理信息、计划、预测等情报及有关的费用情报、生产情报、市场情报活动。物流系统的信息服务功能必须建立在计算机网络技术和国际通用的 EDI 信息技术基础之上,才能高效地实现物流活动一系列环节的准确对接,真正创造"场所效用"及"时间效用"。物流人才掌握信息服务功能可以缩短从接受订货到发货的时间,保证库存适量化,提高搬运作业效率,提高运输效率,使接受订货和发出订货更为省力,提高订单处理的精度,防止发货、配送出现差错,调整需求和供给,提供信息咨询等。

(六)财务成本管理知识

物流服务往往涉及多个作业环节,发生各种不同的费用类型,有些是物流企业的成本,有些是外部发生的费用,如在运输作业过程中出现的费用类型有:停车费、路桥费、保险费、报关费、检验检疫费、海关查车费、订仓费、提货费等。在物流服务营销的过程中,业务人员不仅要了解作业费用发生的原因、种类和数量等情况,而且要具有进行作业成本分析的能力,只有通过细致的成本核算和分析,才能向客户提出有针对性和说服力且客户易于接受的合理的解决方案。

(七)外贸英语知识

在国际贸易活动中,外语的应用频率越来越高,特别是英语作为国际商务通用语言的地位已毋庸置疑。随着商流活动区域的国际化,外贸英语也被广泛应用在物流活动中的各个领域,从商务谈判、合同签订到日常沟通、单据书写等各个环节都能见到英语的身影。提高从业人员的英语水平,使其不但能够熟练使用英语与客户进行口头和书面时时准确的沟通,还要使其具有草拟和设计英文合同的能力。目前多数涉外物流企业在招聘作业人员时都设置了英语考试的项目,因此,无论是学校还是企业在对物流从业人员进行业务培训时都应加强英语的培训力度。

(八)国际商法知识及其他

物流业是一个服务行业,物流企业的运作不仅是企业内部的行为,而是涉及多个企业之间的经济行为。任何一种物流服务都是一种用合同形式表现出来的承诺,物流服务供求双方的合同通常是以书面形式明确双方权利和义务的法律文书,是受国家法律保护和约束的。物流从业人员,特别是物流市场拓展人员必须具备一定的法律知识,了解国家有关涉及物流行业的法律法规,并在签订合同的时候灵活准确地运用这些知识,如经济法、海关法、合同法、公司法以及国际法等。

三、物流人才的能力素质要求

除了掌握物流专业知识和技术外,物流人才还需要具有前瞻性,即不受现有的机构、制度和一些做法的约束。物流管理人员必须具有能够创造合理化的物流条件,组织员工为物流合理化而工作的魄力。应具备开拓未知领域的先驱者的气概,具有挑战精神,具有系统思考问题的能力,有从战略高度考虑问题的素养,具备构筑信息系统的能力。要有分析问题、解决问题和组织管理的才能。以下几方面的能力与素质尤其重要:

(一)严谨的思维方式

物流服务是一个动态的、连续的服务,服务质量的持续提高是企业生存和发展的基础。要保证货物在规定的时间内以约定的方式送到指运地,过程的设计必须是严谨的、科学的、合规合法的。一体化物流过程中存在多个环节,任何一个环节出现问题,轻则可能增加企业不必要的费用支出,造成企业的经济损失,重则可能导致物流服务中断,造成客户重大的损失,引起法律纠纷和大数额的索赔。所以在物流企业中,在设计物流方案的时候,不但要有全面的综合性知识,而且要有一个严谨的思维模式。

(二)团队合作精神

物流从业人员应具备强烈的团队合作和奉献精神,在作业过程中,不仅能够做好本职工作,同时能够为周边相关岗位多想一点和多做一点,使上下游协调一致。如果没有这种团队协作和奉献精神,就不可能将整个线上的作业点有机地结合在一起,就无法实现物流目标系统化和业务操作无缝化对接,就不可能有效准确地完成繁杂程度较高的物流服务。

（三）组织管理与协调能力

现代企业的竞争表现为对人才的竞争，而具体的就表现为企业经营管理理念的竞争。一个成功的企业不仅要有高素质的专业人才，也要有良好的经营管理理念和执行管理理念的能力。物流的灵魂在于系统化方案设计、系统化资源整合和系统化组织管理，包括客户资源、信息资源和能力资源的整合和管理，物流从业人员更需要具备较强的组织管理能力，在整合客户资源的前提下有效地贯彻企业的经营理念，充分利用设备、技术和人力等企业内部资源来满足外部客户的需求。

物流服务的从业人员在工作过程中，需要时时与客户沟通协商、与上下游环节协调合作，需要运用不同的工具进行各种信息的传递和反馈。因此，物流从业人员不但要有相当丰富的知识面，同时应具有相当强的沟通、协调能力和技巧。

（四）异常事故的处理能力

异常事故的处理能力是衡量物流人才的重要指标之一。在市场瞬息万变的情况下，市场对物流服务的需求呈现出一定的波动性，同时物流作业环节多、程序杂、缺乏行业标准，异常事故时有发生。在可利用资源有限的情况下，既能保证常规作业的执行，又能从容处理突发事件和执行突如其来的附加任务，这就需要从业人员具备较强的处理异常事故的能力，具备随时准备应急作业的意识以及对资源、时间的合理分配和充分使用的能力。

四、复合型物流人才培养模式

（一）加强在职培训

当前在岗的各级物流员工急需快速充电，以胜任建设现代物流体系的工作。

1.物流总监、高层管理部门经理

由两部分人员构成：一部分人在传统物流企业工作多年，具有丰富的实践工作经验；另一部分是近年海外学成回国的现代物流专业人员。他们主要需要学习现代物流的运营模式和企业管理理论。

2.专业技术部门、基层管理部门负责人

这些人才是接受培训的主体。他们承担着部门具体的日常工作，对传统物流涉及的各个要素十分熟悉。对于他们，我们的教师首先需要在弄清理论的同时结合企业实际讲一些案例，让学员可以对号入座，"一把钥匙开一把锁"。短期培训班对于在职物流企业职工可以起到事半功倍的作用。

3.专业技术员工、一般管理人才

各大院校的历届毕业生进入企业一般都从专业技术员工、一般管理人才做起。在校期间，他们受到系统全面的基础知识教育，可以通过案例教育学习发达国家先进物流企业的成功经验。

（二）强化资格认证

国外专业人才上岗需要通过权威机构的测评、考核，获得资格认证，为与国际惯例接轨，国内物流相关行业协会和教育机构借鉴国外经验，适时引进国际先进的物流培训体系，对该体系的培训内容中与中国国情不符合的方面做适当的调整,推出了中国物流行业及国际通用的资格认证培训。目前通过物流职业资格培训,我国已培养了大量的物流专门人才。

(三)发展高等职业教育

教育部部长周济在全国高职教育第三次产学研结合经验交流会上强调,高职教育的主要任务是培养高技能人才。他说,这类人才,既不是白领,也不是蓝领,而是应用型白领,应该叫"银领"。周济指出,高等职业教育培养的学生既要能动脑,更要能动手,经过实践的锻炼,能够迅速成长为高技能人才。

宁波工程学院高职物流管理专业是适应我国物流业蓬勃发展的需要,并结合宁波地方经济发展的特点而开设的新专业,目前该专业分三个培养方向,即国际物流、企业物流及仓储与配送。

国际物流方向的培养目标是面向外贸、航运、快递、货代、船代、港口等企业,培养熟悉报关、报检等国际物流业务实务的技能型专业人才。

企业物流方向的培养目标是面向生产制造企业、商品流通企业、物流服务企业,培养能从事企业原材料零配件采购、对企业内部组织原材料、零配件供应的技能型专业人才。

仓储与配送方向的培养目标是面向仓储与配送企业,培养具有实际工作能力的各类仓储与配送企业的初级管理人才。

在物流产业蓬勃发展的大环境下,复合型物流人才大有作为,通过对传统物流业的改革重组,通过新的实践性物流教育,我国分布在各行各业的物流资源将得到合理配置和综合利用,我国物流企业将迎来一个快速的发展时期。

参考文献:

[1]金真,唐浩.现代物流:新的经济增长点[M].北京:中国物资出版社,2002.

[2]宋华.现代物流与供应链管理〔M〕.北京:经济管理出版社,2000.

[3]王之泰.物流与物流工程[J].现代物流,2001.

（本案例由原作者宁波工程学院梁军教授提供，

参与研究者有宁波城市职业技术学院李济球教授、

宁波九龙物流有限公司林建华总经理）

科教融合篇

协同创新视角下应用型大学物流
专业课程体系研究

前 言

本案例来源于《宁波工程学院学报》,2015 年 3 月,第 27 卷第 1 期。

本章基于协同创新的视角,在对应用型大学物流管理专业卓越人才能力要求和知识结构深入分析的基础上,系统构建了物流管理专业卓越人才培养课程体系,该课程体系着重培养物流管理专业学生的创新能力和应用实践能力,突出了实践教学平台和学生创新训练平台,并对物流管理专业教学内容改革进行了分析。

一、问题提出

目前,我国高等院校大都设置了物流管理专业,以培养多层次的物流管理人才来满足社会的需求。但是不论在物流人才的种类和层次,还是物流人才的质量上,我国高等院校培养出的物流人才都与社会需求存在较大差距,这对目前物流管理高等教育来说是一个严峻挑战,需要反思高校物流管理人才的培养如何基于经济社会发展对物流管理人才能力的要求,探索出成功和有效的物流人才培养模式。其实,影响高校物流管理教学工作或影响教学质量最重要的是人才培养模式,最核心的是课程体系。物流管理专业课程设置的合理性是培养应用型、创新型物流人才的重要途径,也是提高大学生综合素质和能力的必要途径。李开(2009)认为伴随着我国经济的快速发展,物流人才市场需求不断发生变化,高等院校的物流专业本科教育暴露出来的问题越来越突出,其核心问题是物流管理本科专业课程体系建设存在诸多缺陷和不足。孙建华(2010)围绕物流管理专业创业型人才教育,提出创新人才的培养模式,细化出创业型人才培养的育人指标,并有针对性地提出了课程设置的对策建议。张红丽(2011)认为物流教育存在着一系列如专业定位不明确、课程体系不合理、课程设置与企业实践结合不紧密等亟待解决的问题,并结合专业实际构建了面向应用的物流管理本科专业课程体系。因此,探讨科学的物流管理专业教学理念与方法,全面整合与优化课程体系,培养学生的应用创新能力,就显得尤为重要,尤其是应用型大学。

胡锦涛总书记在清华大学建校100周年的讲话中提出协同创新概念,鼓励高校同科研机构、企业开展深度合作,建立协同创新的战略联盟,促进资源共享,努力为建设创新型国家做出积极贡献。教育部也提出卓越工程师教育培养计划,旨在进一步推动高校应用创新人才培养,着力提高学生创新精神和应用实践能力。王海建(2012)通过从优化大学生能力结构、创新高校教学管理和国家教育制度三方面构建了大学生创新型人才培养的三维协同模型,提出了基于三维协同模型的大学生创新型人才培养途径。张永康等(2012)分析了高校与企业协同创新培养高质量人才的可行性、困境和问题,并提出学校与企业协同创新培养高质量人才的有效机制。基于此,本章将从最为基础的应用型大学物流管理专业卓越人才培养课程体系开始做起,基于协同创新视角,以物流卓越人才的培养为切入点,改革物流管理专业人才培养课程体系,通过人才培养方案、课程体系结构包括实践教学体系结构、教学内容、课程设计、生产实习、毕业设计等环节的改革创新,提高学生的创新能力和应用实践能力。

二、协同创新视角下应用型大学物流管理专业卓越人才培养目标

基于协同创新视角,以物流管理卓越人才培养模式改革为切入点,以培养

学生应用型创新能力为目标,构建与区域经济社会发展相适应的课程体系,完善学生的知识结构,构建创新创业实践教育平台和实施大学生创新创业实践训练,形成创新创业实践教育体系,着力培养和提高学生的创新能力和应用实践能力,实现物流管理卓越人才培养目标。

三、协同创新视角下应用型大学物流管理专业卓越人才的能力要求

根据应用型大学物流管理卓越人才培养目标,满足区域经济产业发展的人才需求,又由于物流具有系统性和一体化以及跨行业、跨部门、跨地域运作的特点,应用型大学培养的物流管理卓越人才应具有较为广博的知识面和具备较高综合素质的复合型人才,即具备应用型创新能力,将分析能力、综合能力和创新能力的结合。因此,应用型大学物流管理专业卓越人才能力要求可以概括为"厚基础、宽口径、强能力、高素质、广适应",如图6-1所示。

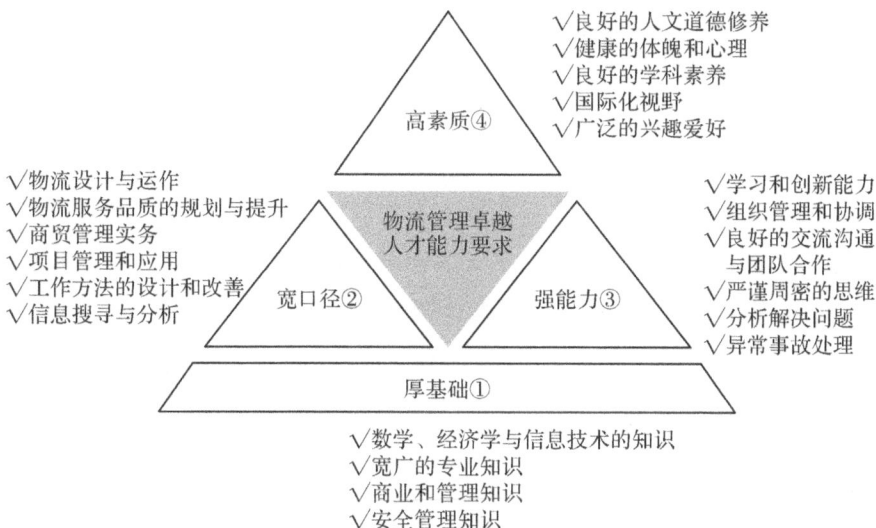

√良好的人文道德修养
√健康的体魄和心理
√良好的学科素养
√国际化视野
√广泛的兴趣爱好

高素质④

√物流设计与运作
√物流服务品质的规划与提升
√商贸管理实务
√项目管理和应用
√工作方法的设计和改善
√信息搜寻与分析

物流管理卓越人才能力要求

宽口径②

强能力③

√学习和创新能力
√组织管理和协调
√良好的交流沟通与团队合作
√严谨周密的思维
√分析解决问题
√异常事故处理

厚基础①

√数学、经济学与信息技术的知识
√宽广的专业知识
√商业和管理知识
√安全管理知识

图6-1 应用型大学物流管理专业卓越人才能力要求结构

四、协同创新视角下应用型大学物流管理专业卓越人才培养课程体系构建

　　基于上述分析，以"区域经济社会发展需求"作为构建课程体系的基本准则、以"应用型创新能力"作为课程体系的价值取向，通过对应用型大学物流管理专业卓越人才素质与能力的培养途径进行分解研究（详见表 6-1、表 6-2 所示），构建应用型大学物流管理专业卓越人才培养课程体系。此课程体系着重于培养学生应用创新能力，注重理论课程与实践创新环节的衔接，建立实践教学与创新创业训练平台，将物流管理专业实践教学环节分为社会实践、物流案例教学、课程实践（验）、物流模拟实验、认知实习和专业实习、毕业论文和创新创业训练等实践教学环节。构建一体化的全程实践教学体系，强化实践教学环节，具体地说，就是构建公共基础平台、学科基础平台、专业方向平台、实践教学平台和创新训练平台等五级平台，在平台上再根据专业方向设置不同方向的专业模块，详见表 6-3、表 6-4 所示（由于篇幅所限，这里就不列出物流管理专业卓越人才培养课程设置与教学进程安排表及辅修教学计划表）。

　　本课程体系将创新教育纳入人才培养体系中，建立物流管理专业学生创新创业训练平台。开展学生课外科技创新创业教育，构建实施大学生创新创业训练计划，并以学分的形式将其纳入人才培养方案中，鼓励学生进行创新性实验、学术研究、技能竞赛、职业资格证书等，着力开展学科与专业竞赛活动、专题讲座、课外科技活动、人文素养和思想素质教育、社团活动、理论与人文类竞赛活动、文艺体育活动、社会实践活动、职业技能培训等第二课堂活动，形成"大学生创新创业训练计划"，旨在培养学生创新与应用实践能力，详见表 6-5 所示。

表6-1　素质结构及培养途径分解表

素质名称	培养途径
政治素质	通过开设《毛泽东思想和中国特色社会主义理论体系概论》《马克思主义基本原理》《形势与政策》等政治修养类课程,开办业余党校等活动实现
道德素质	通过开设《思想道德修养与法律基础》《伦理学》《就业指导》等道德修养类课程,开展劳动、校园文化等活动实现
业务素质	通过专业核心课程和相关知识教育,专业核心技能、方法和能力的培养实现
身心素质	通过开设《大学生心理健康》《体育》等身心修养类课程,通过军训、各类体育运动及其他校园活动实现

表6-2　能力结构及培养途径分解表

能力名称			培养途径
基本能力	学习能力		通过开设《学习方法论》等学习理论类课程,入学教育,课内外教学实践以及开设《计算机与信息技术》《文献检索》等获取信息类课程实现
	交流协作能力		通过开设《大学语文》《大学英语》《公共关系学》《管理学》等课程,参加实习、社会实践、军训、劳动、校园文化等活动实现
	思辨能力		通过开设《逻辑学》《高等数学》、思想政治理论课等课程以及组织开展辩论比赛等课内外教学活动实现
	基本创新能力		通过开设《创造学》《科研方法论》等课程,设立学生科技创新基金,开展学生科技竞赛等活动实现
专业能力	核心能力	港口物流运作与管理能力	具备从事港口物流、国际物流、货运代理等物流运作与管理的能力。通过开设《国际贸易实务》《货物学》《国际航运管理》《国际运输代理实务与法规》《报关与报检实务》《港口物流管理》及港口企业认识实习、港口物流管理课程设计等理论课程与实践环节实现
		供应链优化与设计能力	具备对物流结点、物流生产企业、流通企业的物流系统进行规划、设计与实施的能力。通过开设《管理信息系统》《供应链管理》《仓储管理》《物流系统规划与设计》《生产运作管理》及物流企业认识实习、供应链管理课程设计等理论课程与实践环节实现

续　表

能力名称			培养途径
专业能力	其他能力	外语应用能力	通过开设《大学英语》《物流专业英语》《外贸英文函电》等课程实现
		计算机应用能力	通过开设《计算机与信息技术》《管理信息系统》《物流信息技术》等课程实现
		组织协调能力	通过开设《管理学》《公共关系》《运营与组织管理》等课程及各类团队组织活动实现
		应岗能力	考取国际货代资格证书、参加货代资格证培训获得国际货运代理职业能力。考取报关、报检职业资格证书、参加报关报检职业培训获得港口物流管理职业能力

表 6-3　应用型大学物流管理专业卓越人才培养课程体系结构

		理论教学	实践教学与创新创业训练
专业方向平台		专业方向模块	实践教学平台
		专业选修课模块	
学科基础平台	本学科基础	一级学科基础模块	
		二级学科基础模块	
	跨学科基础	相关学科基础模块	
公共基础平台		人文社会科学基础模块	创新创业训练平台
		数学自然科学基础模块	
		工具性学科基础	
		军事与体育学科基础	

表 6-4　应用型大学物流管理专业卓越人才实践教学平台

实践教学平台	实践环节	实践课程
基础实验教学平台	外语听、说、写能力，计算机应用能力，物理实验和基础课程实验等	计算机与信息技术Ⅰ
		文献检索与利用

续表

实践教学平台	实践环节	实践课程
专业基础训练平台	金工实习、电子实习、物流行业参观调研，物流企业认识实习，企业认识实习，专业技能训练、课程设计等	管理信息系统课程设计
		物流系统规划课程设计
		港口物流管理课程设计（方向一）
		供应链管理课程设计（方向二）
		行业参观与调研
		港口企业认识实习（方向一）
		物流企业认识实习（方向二）
综合运用实践平台	学年论文、企业实习/毕业实习、毕业论文、物流综合模拟实践、供应链管理模拟实践等	毕业实习
		学年论文Ⅰ
		学年论文Ⅱ
		毕业设计（论文）
素质拓展与社会实践平台	军事训练、社会调查、社会服务、公益劳动、社会实践等	军事理论与训练
		创新社会实践
		综合素质

表 6-5　应用型大学物流管理专业卓越人才创新创业训练平台

科研训练	组织开展各类科学研究（包括学生申请科研课题、参与教师课题研究等）、技术发明、创新型实验、开放实验等活动
科技竞赛	组织参加学科竞赛、挑战杯竞赛和其他专业（技能）比赛
创业训练	组织开展创业教育和创业实践活动
人文素质提高	组织开展社团活动、理论与人文类竞赛活动、群众性（非专业）文艺体育活动和社会实践活动
职业技能培训	鼓励学生参与外语能力、计算机应用能力和各类职业资格、专业技能的培训和考证活动

五、结论

基于协同创新视角,突破传统物流教育模式的局限,全面探讨应用型大学在培养物流管理卓越人才方面的改革,构建完善的物流管理专业卓越人才教学体系和特色鲜明的人才培养模式,建立应用型大学物流管理专业卓越人才培养课程体系,提高学生的实践应用能力与创新能力,推动应用型大学应用型创新人才培养目标的实施。

参考文献:

[1]郑晓奋.本科物流管理专业应用型人才培养模式研究[J].高校教育工程,2010(5):127-130.

[2]李开.高校物流管理本科专业课程体系建设存在的问题与对策[J].物流工程与管理,2009,31(3):148-149.

[3]孙建华.基于创业型人才培养的物流管理专业课程体系研究[J].物流工程与管理,2010,32(5):161-162.

[4]张红丽.面向应用的物流管理本科专业课程体系设置研究[J].物流科技,2011(8):16-20.

[5]张永康,莫纪平.协同创新,探索人才培养的有效机制[J].高校教育管理,2012,6(4):4-6.

[6]王海建.基于协同创新思想的创新型人才培养[J].扬州大学学报(高教研究版),2012,16(5):38-41.

(本案例由原作者宁波工程学院赵亚鹏教授提供,
参与研究者有宁波大学应崴教授、
宁波工程学院朱占峰教授等)

以学科竞赛为核心推动大学生
实践能力的培养

前 言

本案例来源于《全国商情（理论研究）》，2010 年 12 月，第 24 期。

案例提出了以学科竞赛为核心的大学生的创新能力培养，从目前大学生实践能力的缺失出发，分析了学科竞赛对大学生各种实践能力的培养作用，并总结了以大学生学科竞赛为载体的实践教学改革策略。

大学生学科竞赛活动是提高学生能力的一个重要途径，可以培养学生的动手能力、自学能力、科学思维能力，在提高学生的综合素质、增强实践能力、培养创新精神和团队意识中起着十分重要的作用。学生在准备参赛作品和参加竞赛的整个过程中的收获，是任何一门课程或若干门课程或若干个教学环节所无法替代的；是学生通过具体目标不断自我学习与完善的过程。通过竞赛这一平台，学生以作品为媒介，锻炼了能力、展现了才智、体现了价值；学校以学生为媒介，展示和检验了人才培养的定位、特色与效果。不仅如此，学生在比赛过程中，由于与其他高校学生同台竞技，可以互相学习，取长补短。随着竞赛活动的推进，如何以学科竞赛为契机推动大学生创业创新能力的培养就成为摆在我们面前的一个急需解决的问题。在此，笔者结合自己在多次组织学科竞赛中积累的一些经验，就这个问题提出一些初步看法与同仁分享。

一、大学生实践能力界定

目前实践育人已经得到了广泛的认可，实践育人从理论角度探讨可以分为三个主要的代表：一是理念论，北京师范大学的刘川生教授认为实践是一种新的教育理念、新的教育方法、新的教育模式；二是活动论，实践育人主要是提高人的价值，吉林大学的张文显教授认为可以通过各种应用性、综合性、导向性的实践活动，激发学生课外自我教育和课内教育的结合，其价值在于促进人的全面发展；三是素质论，清华大学的胡和平教授提出实践与理论结合，在实践中创造理论培养学生的能力与素质。

总体来看，目前国内理论界对实践的内涵的认识还没有统一，还有很大的研究拓展空间。可以概括界定为：

实践能力主要是指知识的转化能力。专业实践能力是指大学生利用自己的专业知识来解决专业领域中实际问题的能力。在学校，大学生通过实践性教学环节——实验、实习、设计（论文）、科研等活动，对所学的理论知识进行实验、验证，也可以从中抽象出理论知识，再回到实践中去检验；对所学的理论进行综合、运用、转化、创新，逐步培养起实践能力。所谓大学生实践能力是指正在学校接受专业化高等教育和初级科研熏陶的大学生群体，在自身学习、生活以及未来工作和人际关系处理中所应具备的心理特征和行为品质。

在界定了大学生实践能力的基本概念后，本章将研究视角转向对大学生实践能力的外延的归纳总结上。笔者认为大学生实践能力的构成主要由一般实践能力和专业实践能力构成。其中，一般实践能力指所有大学生在学习、生活及未来工作、人际关系处理等方面应具备的基本实践能力，主要包括学习能力、表达能力、沟通协调能力、心理健康能力、团队协作能力、身体健康能力、组织管理能力、吃苦耐劳能力、计算机应用能力、外在表现能力、内在品行能力、一般经验能力、诚实勤奋精神、敏捷思维能力、勇于开拓精神、创新能力、应变能力、逻辑能力等方面；专业实践能力则指大学生在学习、生活及未来工作、人际关系处理等方面应具备的专业性实践能力。

大学生实践能力涉及专业实践能力、创新能力、创业能力等层次,大学生专业实践能力的培养是一个复杂的系统工程。

二、目前大学生实践能力基本现状

大学生的实践能力已成为衡量大学生素质的重要标志,并将成为高等学校培养目标的一个根本要求。因此,大学生实践能力备受社会各界的关注。目前,大学生实践能力缺失已成为社会的关注的热点,通过教改项目立项研究及专题调研,初步统计结论是,每年约有三成的大学毕业生缺失专业实践能力,其中有一些学生因专业实践能力太差而失去理想的工作岗位。

从高校(重点针对应用型本科高校)教学计划来看,实践性教学安排的学时占总学时的比例不算少,工科类占30%左右,社科类占20%左右,而问题是各实践性教学环节的内容未能充分落实,实现教学目标的措施难以落实,成绩考核缺乏客观标准。从实践教学的过程中看,目前的实践教学主要是集中在毕业论文的写作和毕业论文的准备以及一些简单的验证性实验或者是一些教学软件的应用上,这些作为实践能力的训练是缺乏说服力的。而学科竞赛作为实践教学能力培养的方式,确有优越性。

三、学科竞赛对大学生实践能力培养的促进作用

1. 有利于实践教学改革和专业知识的系统化

学科竞赛可以给目前设置的实践课程提供指引方向,指导教师通过课堂实践教学把实践能力的培养贯穿于整个教学过程中,而学生也增加了学习的兴趣。理论的学习往往只是知道解决问题的方法,但是否能解决实际问题和在实

际解决问题过程中还会有什么样的新的问题出现等,这都是学生比较茫然的,所以在理论教学中往往学生的学习兴趣不浓,知识掌握也不够牢固,而在学科竞赛的带动下,学生的学习目标非常明确,积极性明显提高。不仅如此,在竞赛准备的过程中,需要系统地学习很多相关的专业知识,这样会巩固学生的专业知识,有利于专业知识的系统化。

2. 有利于学习观念的改变

参与学科竞赛的过程中,学生的学习观念也大大的转变了,从"老师、家长让我学"到"我要学";从"学习考试过了就可以了"到"我要和全校、全省、全国的人去竞争":学习观念的转变对学生的个人发展起决定性的作用,实践也证明了,经过大赛多次选拔过的学生具有很强的学习能力,对于难题没有畏难情绪。

3. 有利于学生改进学习方法

通过参加学科竞赛,学生可以了解到基础知识的重要性,从被动式的听课、复习、考试变为主动式学习,转变为"在实践中创造,在创造中学习"。如通过从事某些设计性、综合性、探究性的项目研究,许多学生不再"死抱一本教材不放",而是在学好专业基本知识的基础上,积极主动地阅读参考资料,查阅文献,这有利于开拓了他们的专业知识视野,巩固了课堂教学的内容。

4. 学科竞赛可以很好地提高学生的创新实践能力

学科竞赛是竞技性活动,在很多竞赛中,如挑战杯、电子商务大赛、数学建模大赛,大部分是考验学生的知识运用和创新实践能力的。课堂教学的主体是老师,但是学科竞赛的主体主要是学生,学生准备参加某项竞赛就会积极地准备某方面的知识,会拓展更广的知识面。而且学生是竞赛的主体也就意味着,学生是思考者、创造者,他们会利用自己的聪明才智创造出更多的奇迹。

这个创新还不仅仅是动手能力和实操能力方面,更多的是团队建设和管理能力与团队的组织和配合能力方面。经过训练的学生有很好的创新性组织管理的实践能力,能很好地平衡集体和个人的关系。

5. 有利于学生展现个性

无论是课堂教学还是实验教学,都会受到教学计划的限制,难以照顾学生的个性差异。而开展各类学科竞赛等活动可以根据学生接受能力、兴趣爱好的不同区别对待,有的学生喜欢动手制造模型、有的同学喜欢创业、有的同学喜欢商务活动,学科竞赛给我们的同学提供了非常大的舞台,可以让每个学生展现自己的才能。学科竞赛还可以为一些基础较好、学有余力的同学创造适当条件,让他们在一定的科研工作中得到强化锻炼,进一步提高自学能力和科研创新能力。

同时,学科竞赛还可以填补学生的业余生活。目前大学的课程不像高中那么密集,留给同学自己支配的时间相对比较多,很多学生进入大学后非常不适应,不知道学什么。这导致大批的学生去社会上兼职,做些售货员、发传单、小学生家教等工作,还有些学生每天在寝室打游戏、看连续剧。学生在这样的状态下,会和同学们的关系疏离,并且产生学习无用论的想法。学科竞赛本身需要的知识既有广度,又有深度,这都需要学生在课余时间根据不同的比赛项目组成临时小组进行合作。这不仅可以组织团体学习,而且还可以和学校内外的同学形成学习小组,加强了同学间的交流。

6. 可以提高学生的团队协作能力

通过参赛,原本彼此陌生的队员相互学习、共同努力,能培养学生集体主义精神、协调组织能力和积极参与竞争的意识。这对于他们将来走出校门服务社会是一笔宝贵的精神财富。竞赛虽然只有短短几天,但竞争却异常激烈。不过,也正因为置身于激烈的竞争中,参赛学生才能真正受到磨砺,锻炼才干。

四、以学科竞赛为载体,切实提高学生实践能力

如果想更好更快地推进学科竞赛,我们必须在以下几个方面做进一步的努力:

1. 把学科竞赛纳入实践教学体系

建立以学科竞赛为依托的实践教学体系,实行教学计划培养与科技创新活动相结合,构成人才培养的大环境;以学科竞赛推动教改,提高教学质量,培养学生综合素质;以教改的成果提升竞赛成绩,充实科技创新活动的内涵。两者相辅相成、互为促进、共同提高,形成立体化的培养模式。改革教学计划、教学内容和教学方式,构建具有学院特色的教学体系,目的是培养具有合理知识结构、基本工程意识、较高技术技能和较强创新能力的高素质人才。

2. 建立完善的学科竞赛制度

为保障学科竞赛活动健康有序地开展,积极鼓励广大学生、教师踊跃参赛,多出成果,进而全面培养学生的创新创业意识、活跃校园科技氛围,为学生提供更多的发展空间和展示自我的舞台,学校制订了多项规章制度。这些举措极大地激发了学生参与科技创新教育和实践的积极性和主动性,也在一定程度上提高了学生的科技创新能力。

3. 建立教学科研竞赛一体化制度

目前学科竞赛仅仅作为学生自愿参加的活动,而辅导组织也大部分是教师靠自己的热情来推动,在学生比赛指导过程中教师往往付出的和得到的不成正比,这对大学生竞赛活动的发展有严重的阻碍作用。对学生培养来说,学科竞赛仅仅是手段,我们需要的是长期培养学生的过程,如果将成果培育和教学毕业论文打通,学生的热情就更大了。本章认为必须建立一套完整的教学科研竞赛一体化制度,把教学科研竞赛工作打通,这样,教师可以将科研活动与教学和比赛相结合,工作量也能得到学校认可,极大调动师生参赛的热情。

4. 建立以大学生自主管理为中心的学生课外科技活动组织

建立以大学生为主的竞赛团体组织,由学生自主管理。参赛团体可以在竞赛团体学员中产生，可以涵盖多个专业和学科，学生可以通过自主申请、学院推荐等多种形式参加。形式可以多样化，也可以传帮带，让高年级的学生在担任下一届班级学生管理人员的过程中接触学生，了解学生的兴趣、爱好，积极参加学生的科研组织和竞赛团体。

这种模式不仅可以提高学生的管理能力，还可以拓展学生的知识领域，同时还可以扩大社会活动范围。科技创新实践活动组织不仅可以丰富大学生课余生活，还可以培养学生科研兴趣，使众多的学生参与其中，对学生工程意识、科学精神、协作意识、团队精神的培养具有重要的作用。

5. 加强学科竞赛指导队伍建设

加强学科竞赛指导队伍的建设，首先需要学科竞赛指导教师转变观念。目前很多教师不喜欢参与学科竞赛，这出于多种因素：有人觉得收支不抵；有人觉得竞赛水平不够高，不能彰显自己的才能；有人觉得麻烦，很多事学生做不好都是老师在比拼；等等。面对这样的情况，指导学生参加比赛的教师往往并不是业务水平一流的老师，这里就出现了一个问题：如何让我们业务一流的老师加入到学科竞赛的指导团队来呢？这就需要改变个人观念，强化个人和组织的关系，切实提高指导教师队伍水平。

其次，组建校内外混合指导教师队伍。目前学科竞赛越注重实际的应用效果，注重商业价值。学校内的教师团队已经不能满足指导的要求了，必须利用学校外资源，聘请一些行业和领域的精英人才到学校担任指导教师，学生对于行业内的人是比较佩服的，而且行业内的人实践经验丰富，学生可以学习到更前沿、更先进的知识和技术，有时也可以在比赛过程中获得企业的强大后援。

最后，教师的悉心辅导是提高学科竞赛活动质量的必要保障。教师的指导对于竞赛的成果有重要的作用，所以对参与学科竞赛活动的教师，可以从政策上加以激励，比如对开设相应学科竞赛课程的教师给予一定的工作量补贴与奖励；优先安排指导竞赛的教师进修。充分调动广大教师积极参与学科竞赛活动，把课程教学活动与学科竞赛活动紧密结合起来，建立课内外的互动，促进教风与学风全面发展，着力培养学生的创新意识与能力。

6. 实行实验室开放制度

推进学科竞赛项目和课外科技活动,实验室的开放式管理必不可少。部分实验室可以由学生自主管理,并邀请专业水平高、科研能力强的教师为指导教师。一方面,可以根据学科竞赛项目设置训练题目,教师负责指导,学生可以独立或组队完成制定项目。另一方面,学生也可以参与教师的科研工作,从中学习并得以提高。实现实验室开放管理,为学生提供了交流创新思想、实现技术创新不可替代的活动平台,对学生专业技能和创新能力的提高起到了重要的作用。

在多年的教学工作过程中,实践教学管理一直是我的主要工作,经历了很多实践教学的尝试,与目前现存各种实践教学相比较,学科竞赛对于学生的一般实践能力和专业实践能力的培养是最显著的,希望能通过各方的努力不断提高学生的实践能力,使他们能尽快地适应社会,缩短从学校到社会的距离。

参考文献:

[1]包秋燕,陈孝慧.以学科竞赛为载体培养应用型人才实践创新能力[J].中国电力教育,2008(10).

[2]周治瑜,王瑞斌,胡丽华,等.学科竞赛是培养大学生创新素质的重要载体[J].现代农业科学,2008(10).

[3]蒋西明,邓明,徐云构.建学科竞赛体系,提高学生综合素质[J].实验室研究与探索,2008(2).

(本案例由原作者宁波工程学院贾春梅老师提供)

创新实践环节提升专业应用能力

——以物流管理专业为例

前 言

本案例来源于《宁波工程学院学报》，2012年9月，第24卷第3期。

实践教学是高校培养应用开发型、创新型人才的一个关键教学环节，本案例对比国内外物流管理专业的实践教学环节，分析目前实践教学环节存在的主要问题，从实践教学模式、实践教学过程、实践教学组织、实践教学制度着手进行了研究，提出了创新实践环节的具体方法，对物流管理专业建设具有一定的现实意义。

物流业迅猛发展，人才是第一要素。如何培养出高水平、适应能力强的应用开发型人才成为摆在高校面前的一个重大问题。物流学科，无论是从国内还是国外看创立时期都较晚，其内容涵盖面比较宽广，依赖于其他已经成熟的学科作为自身的理论基础，属于交叉的新兴学科。物流管理专业的突出特点就是覆盖面广、实践性强，实践教学投入大，实践能力上要求高。

在物流实践教学方面，国内外都做了相关研究。国内的实践教学研究主要集中在三个方面：实践教学模式、实践教学过程、实践教学组织。国外实践教学主要是从两个角度展开的，一个是实践教学模式研究、一个是实践教学制度创新研究。总之，从国内外对实践教学研究来看，实践教学设计的主要依据是社会需求的职业技能，无论采取什么模式都要本着"以学生为中心"的思想，采取比较灵活和柔性的实践教学制度管理。

一、国内物流实践教学环节现状及存在的主要问题

国内物流管理专业虽然起步较晚,但在实践教学方面也进行了一定的探索,取得了很多成绩,各个高校在物流管理专业实践教学的投入相对其他管理类专业要多很多倍。在取得成绩和进步的同时,我们也应看到目前物流管理类专业实践教学方面存在的问题。国内实践教学环节主要重模式,轻过程,组织线性化。重模式方面,国内搞了很多种模式,如"驱动—受动—调控—保障""多要素综合""三层次、六模块"等。轻过程方面,目前在实践过程上追求易操作,往往安排过于机械。组织线形化,即根据某一项具体技能开展一项具体的实践教学,实践教学与技能训练之间呈——映射关系,这些实质上没能从整体上把握实践教学的真谛。据调查,部分院校在物流管理专业实践教学方面的投入很大,但教学效果不明显,跟不上新形势对人才素质发展的要求。要搞好实践教学,实践环节是基础,目前实践环节的问题主要体现在以下几个方面。

(一)实践教学时间不足

高等教育,尤其是本科及以上教育,教学课程时间相对固定,如果教学模式确定后,各个实践环节分到的时间相对有限,势必造成实践时间的缺乏,这导致学生理论与实践很难较好地结合。由于受到教学时间、实践与理论教学时间比例分配等多种因素的限制,学生的实践时间相对较少。单纯地学习理论,学生并不理解学习的用途,学习目的不明确,导致学生为了学习而学习,或者为了应付考试而学习。因此出现了考试前突击,实际的知识掌握不扎实,甚至厌学等问题。

(二)实践流于形式,结合度差

实践教学主要集中在课内实践改革,大部分课程只是按照教学培养计划规

定的课时,安排几个课时的实践教学,往往流于形式,实用性不强,在设计课程实践的过程中,没有体现专业应用能力。

目前的课内实践主要由各门课程老师做主,设计实验项目。由于各个教师自己设计实施实践项目,因此会出现两种现象,一种是实践项目重复。教师各自为政,仅仅考虑自己的课程,却没有从专业发展和专业需求的角度上去全局统筹、整体规划,导致的结果就是"1+1<2",即没有体现整体大于部分的叠加效果。另一种是实践教学水平较低。实践项目的设置过于草率,由于实践课程的上课难度远远高于理论课,大部分教师依然应用理论教学方式方法进行实践教学,导致教学效果较差;有个别教师甚至根本就不知道什么是实践教学,认为实践课程就是在实验室上课,对实践教学的环节设计过于简单,有的根本就没有设计,把大家拉到实验室上课就可以了,所以大部分的项目是演示性的。

(三)内容形式单一

实践教学大部分内容还处于案例教学和简单的电脑软件操作以及对企业的简单认识和比较固定的论文写作阶段。案例教学作为实践课程的实践性不突出;电脑软件的学习,只熟悉流程,对于本科生而言教学内容严重不足;对企业的认识,只是走马观花,效果不明显;论文写作方面,大部分学生没有实际的问题分析,只是把别人的论文叠加了一下。对于教学资源丰富的学校,学生大部分实验是依靠软件进行,实验的项目也只是根据个别软件的功能进行基本的输入操作,这种实践教学由于受到软件的限制,并不能真正地和专业能力结合。

(四)缺乏成熟的教材

物流管理专业在国内起步较晚,理论课程体系尚在不断完善的过程中,实践教学指导教材更是少之又少。目前大部分物流管理专业相关实践教学指导教材大都是软件操作说明书,都是个别软件公司为了推销自己的产品找人编写出来的,核心内容都是软件的具体操作方法,没有从专业能力及职业能力角度进行编写。

(五)实验室开放程度不高

由于物流专业实践性强,物流专业实验室投入经费普遍较大,一般建设投入经费都在百万元以上。但实验室的日常开放程度不高,高额的设备经费投入对学生创新能力的培养及对教师应用科研能力的提高效果不明显。实验室的综合应用效率不高,教师和学生对使用实验设备缺乏积极性和主动性。由于技术发展比较快,实验设备时效性越来越强,贬值越来越快,造成很大程度上的浪费。

(六)实验室建设费用高昂,重复建设现象严重

各个高校物流实验室基本雷同,立体仓库、精益生产、各种软件、物流仿真演示,这样的实验室比比皆是。各个地区高校重复建设,使用却非常有限,维护成本比使用成本还高,这样极大地浪费了国家的教育资源。

(七)实践教学师资不足

实践教师力量不足一直是实践教学的一个突出问题。虽然国内各大院校做了诸多努力,但是学生增长的速度远远高于教师增长的速度,不要说实践教师,连理论课教师的增长都无法满足目前的教学。学校引进了很多的博士,甚至是海外博士人才,但是对于实践教学的帮助并不是很大。具体分析主要有以下几个原因:第一,实验教师数量严重不足,实验课程不同于理论课时,可以 200 个人同时上课,实践课程讲究小班教学,一个实验教师最多可以带 20 个学生;第二,实验教师待遇较低,职称的晋升最高只能到高级实验师,大部分的教师不愿意做专职的实验教师;第三,目前的实验教师队伍参差不

齐,刻苦开发实验项目的人寥寥无几,实验教师对自己的定义就是教辅管理人员,基本不参与项目开发。

二、创新实践教学环节提升专业能力的基本思路及措施

(一)创新实践教学环节提升专业能力的基本思路

实践教学环节上的问题还很多,我们仅仅针对以上教学实践环节出现的主要问题,提出打通课内与课外实践,多样性组织及多元化教学实践的方法,以期对目前的实践教学可以有明显的改善效果。具体可以改善以下方面的问题:一是可以给低年级的学生一些学习及工作任务,使他们从高压管理的高中生活逐渐过渡到松散管理的大学生活,学会自主学习、自我管理;二是对高年级的学生的教学可以做专业的延伸,做深度挖掘;三是通过思想教育激发学生对本专业的兴趣,明确专业方向及目标,增强对专业乃至职业的信心;四是解决目前实践教学任务,把实践教学做到实处,真正地实现与社会接轨,提高学生就业竞争力;五是通过学生梯队的培养,高年级带低年级,可以缓解或解决目前实践教学师资不足的问题。

(二)创新实践教学环节提升专业能力的措施

1. 实行"内外一体的开放式"实践教学模式

(1)组织行业企业代表提炼实践任务

借鉴国外先进实践教学经验,密切联系地方企业,服务地方经济。组织当地企业,特别是当地企业界有影响力的实干家,了解他们对学生的专业能力要

求，并形成课程实践指导目标及任务大纲。

（2）以典型课程为试点，开展新型实践教学

以电子商务及物流信息系统两门课程为试点，打通课内及课外实践，扩大课外实践时间，以增加课程中前沿性、先进性、系统性、综合性、创新性大型实验为目标。根据社会要求及企业专家意见，制定项目计划。通过抽样调查法，在样本学生中组织实施问卷调查，了解学生是否理解教学项目的任务及目的，学习任务量是否充足等意见。通过上述方法，提出切实可行的课程实践教学任务书。

（3）组织企业专业精英和教师的双层实践指导团队

针对企业人员上课技巧、课堂环节设计等方面的不足，提出双层指导团队方案。教师指导团队也由相关方向与专业人士组成，形成合力，指导学生按照设计的计划成功地、高质量地完成。

2. 创新实践教学过程，以研促教

创新实验教学环节，把教师研究的最新科研成果引入实践教学，达到以科研促教学，不断扩大课外实践的目的，并形成具有本校特色的实验教学内容。

（1）实践教学与科研相结合，培养学生自主学习能力

学生在参与科研活动中，自感知识匮乏，通过教师的指导，学生会自主学习相关知识，扩大视野。在此过程中，学生会学会使用很多如 Python、C++ 编程软件、Matlab、SPSS 计算软件等工具，提高学生实际分析、解决问题的能力。

（2）将实践教学引入科研活动中，扩大课外实践，提高学生成果积累

课内实践认识实习、生产实习、毕业实习以及假期的社会实践教学体系目前已经基本形成，课外实践是实践教学的另一个抓手，与课内实践教学地位同等重要。课外实践活动充实了学生的课外业余时间，能形成良好的学习风气。

（3）实践教学融入科研活动中，奠定了学科竞赛基础

通过实际的学习研究以及对动手能力、团队配合的多项训练，学生已经组织了一个具有较强实践能力的关系紧密的团队，可以在学科竞赛中取得优异的成绩。

（4）实践教学成果升华，形成有现实指导意义的高质量毕业论文

在大二到大四的三年时间内，学生通过参与科研研究、独立申报课题、公开发表前期研究，最终形成毕业论文。这是对教学成果的升华。

3. 构建高水平的创新实践环节的组织体系

创新实践能力的培养是应用型本科学校的重要的任务，是人才培养的重要组成部分。课程设计、毕业设计（论文）等常规的科研创新能力培养环节是培养学生创新实践能力的重要载体。但是，这些还不能满足应用型本科创新实践型人才培养的要求。因此，构建基于创新实践能力培养的新型实践组织体系具有重要意义。

我们计划实施"科研助手计划""毕业论文（设计）与科技竞赛联动计划""科技创新训练计划"等 3 个旨在提高学生的实践创新能力的培养计划。

构建两个创新组织，一个教师科研创新团队，一个学生实践创新团队。

关于教师科研创新团体具体实施办法，一种是教师科研创新团队以科研项目为单位制定 2 年或 2 年以上的培养计划，每个项目 6—8 人参加，实行贯穿资料检索—科学分析方法学习—子项目撰写—独立申请学生课题—发表论文—结题—毕业论文前期提炼—毕业论文整个过程的培养计划；另一种是以各类学科竞赛为目标，一般组织 3—5 人的团队，通过半年至一年的训练，由学生自主选择指导教师。

学生实践创新团队具体实施办法如下：根据项目的不同，学生可跨专业、年级自愿成组；鼓励学生导师制，即高年级的学生可以指导低年级的学生，形成学生自己的培养梯队。本校学生在这方面已经取得了很大的成效，高年级的学生在活动中巩固了自己的知识体系，而且学生指导更容易被学生接受。

4. 构建新师徒关系的培养计划

目前高校教师整体水平提高了不少，不少教师都是 985、211 院校的博士，还有部分教师是从国外名校毕业的博士。但是由于目前担任课程有限，和学生相处时间不多，"师徒"关系并不亲密。此处提到的构建新师徒关系，是指延续

多年的传统师徒关系,中国传统的师徒关系是,徒弟向师傅学习本领,为师傅无偿工作几年,在这过程中慢慢学艺。新师徒关系,主要是指学生和老师一对一培养计划。作者研究了一个"四个一"的实践培养方案,即"一个大学生创新科研项目""一个实践训练项目""一个省级以上比赛"和"一篇公开发表论文",师生结对,共同完成。该方案取得了明显的效果,用三年时间通过以上四项训练,学生会和老师建立一种新型的师徒关系,提高学生自学、科研、创新、实践等多项能力。通过此计划,有部分学生不仅获得了很多国家级、省市级奖项,还考取了研究生继续深造。

三、创新实践教学环节取得的成绩

宁波工程学院通过几年物流管理专业实践教学探索,在课程上实施"内外一体开放式"教学模式,引入双导师制度,已经取得了一定的成绩,成功地创建了比较成熟的实践教学任务指标书。宁波工程学院在宁波的北高教园区开展的校际间教学,也取得了良好的效果。

创新实践过程,以研促教也取得了可喜的成绩,在 2006—2018 年间共 12 届物流管理专业学生中,通过学生自愿、教师选拔的形式,引导学生进入科研团队,学生不仅在从事科研活动的过程中培养了自己严谨的科学态度,而且在科研申报、论文发表、竞赛获奖、考取研究生等活动中也取得了可喜的成绩。以宁波工程学院物流专业为例,学生参加比赛获奖率 100%,申报省级课题成功率 30%,申报校级课题以上成功率 50%,发表论文 10 余篇,考研学生的比例也有显著的提高。

以本校物流本科学生曹圆圆、张华英、王牡丹等同学为例,他们大二期间自愿加入我的科研组,在我的办公室经常工作到晚上 10 点钟。在参与课题的过程中涉猎了蚁群算法、最优算法、信息系统规划、高级统计学等多门研究生课程内容。在研究过程中,学生积累了一定的成果,学习了课题申报材料的撰写方法与技巧,成功地申报了 3 项省级科研项目,发表了 5 篇论文。他们参加浙江省电子商务大赛取得了 3 个三等奖、多个优胜奖；在挑战杯创业大赛中获得一个市二等奖，多个优胜奖。

新师徒培养计划的实施也培养了大批优秀学生，他们大部分都能通过参与教师的研究获得初步科研的能力，在过程中凝练成果，训练创新性思维参加各类学科。计划不仅仅培养了学生的技能，也培养了学生的品性。正是这项计划让笔者更加热爱教师这个平凡的岗位。该项计划目前已经实施 5 年，共培养优秀学生 23 人。

四、结语

实践教学任重而道远，需要我们全体教师认真对待，从多个方面入手，切实把培养专业人才、提高专业应用能力为己任，为我们国家的物流事业蓬勃发展提供丰富的应用型人才资源。

参考文献：

[1] 李树林.技术本科教育实践教学体系研究[D].上海：华东师范大学，2009.

[2] 卞钰.美国布朗大学的教学特色[D].南京：南京师范大学，2011.

[3] 王定华.美国布朗大学的教学特色[J].中国大学教学，2004(3).

[4] 黄福涛.面向 21 世纪中日本科课程改革的比较研究[J].清华大学教育研究，2001(1).

[5] 江捷.英国高校实践教学的启示[J].理工高教研究，2007(6).

实践教学改革篇

基于物流学习工厂的物流
专业实践教学模式

引 言

本案例来源于浙江省教育科学规划项目"基于物流学习工厂的应用型高校物流类专业实践教学模式研究"(2018SCG101)成果,是基于宁波工程学院物流类专业实践教学改革的探索与实践总结。

物流学习工厂是近年来为适应"工业 4.0"对于生产智能化、高度定制化和灵活生产等要求而兴起的新型物流实践教学方式。物流学习工厂区别于传统物流实践教学的企业实习和顶岗实训,其通过实现数字和物理工厂的无缝衔接,为学习者提供基于定制产品和客户订单的计划,验证、实现和优化生产系统的整体学习环境以培养学生与专业人员在"工业 4.0"的原则下的敏捷开发能力和工作流程定制能力。基于物流学习工厂的实践教学模式近年来逐渐被全球物流院校所接受和效仿。

21 世纪以来德国政府率先提出了"工业 4.0"战略。该战略旨在通过充分利用信息通信技术和网络空间虚拟系统——信息物理系统相结合的手段使制造业向智能化转型。智能物流是"工业 4.0"的 3 大核心内容之一,其特征是通过互联网、物联网、物流网整合物流资源,充分发挥物流资源供应方的效率,以使需求方能够快速获得服务匹配和物流支持。当前我国正经历经济增长模式的转型期,亟须大量能够满足"中国制造 2025"战略要求的高素质应用型物流技术开发与管理人才。

对于这一新的产业变革,传统的物流实践教学模式已经难以适应产业需求。基于产业的发展趋势,探索适应新型物流商业模式下的综合型的实践教学体系已经刻不容缓。作为注重学生综合素质、实践操作以及分析解决实际问题的能力培养的应用型本科院校,结合产业变革、创新实践教学模式是其人才培养的重要任务。为此,以物流学习工厂为依托,构建新型的物流类专业实践教学模式,对于应用型高校的物流人才的培养具有十分重要的教学理论和实践价值。

一、国内外研究现状

在物流实践教学领域的研究,国外已有较为成熟的案例。Tvrdon(2015)介绍了一种仿真技术软件在物流实践教学中的应用。学生通过这种软件可以设计物流系统运作的每个环节,建立模型并通过对价格、设备、投资等数据的控制管理整个物流模型的运作。物流仿真技术的应用,使学生摆脱了传统教学方法的束缚,能够通过计算机技术实现对物流运作流程的模拟。不过单一的物流仿真教学与现实工厂的物流运作环境依然存在距离。Hofmann(2017)等在物流仿真技术的基础上结合了虚拟调试过程。虚拟调试为物流运作控制工程的改进提供了可能。这种教学方法更为接近真实,企业的物流运作过程提升了学生的学习体验度,但依然让学生对物流环境进行真实体验,无法解决物流环境的真实体验问题。Brenner(2016)详细介绍了德国罗伊特林根应用技术大学国家重点——ESB商学院的物流学习工厂运行情况。通过3D软件模拟客户即时响应、愉快体验、简单解决等任务场景,学生可以自主集成产品、流程规划和物理基础设施以实现开发解决方案。可视化的教学过程和真实的协作交互环境,能够极大地提升学生的学习体验水平。

国内的物流类专业实践教学研究与国外尚存在不小的差距。王海燕(2007)认为物流管理专业是实践性很强的专业,学生需要通过实践来巩固自身专业技能,但由于国内办学时间较短,实践教学处于物流管理专业整个教学体系中最薄弱的环节,还有许多问题有待于进一步研究。同时,在实践教学体系的构建上提出学校应根据社会的要求,对物流管理专业人才在物流技能和管理技能的培养方面确立目标以及协调各个实践环节,由此探索出具有自身特色的物流管理专业实践教学体系。贺政纲等(2009)指出总体来讲,目前我国高等院校物流专业实践教学工作研究尚未深入展开,并存在对物流实践教学不够重视、实践往往流于形式没有深入进行、实践条件落后和实验师资缺乏、没有建立起完整的实践教学体系等诸多问题,无法满足对高级物流应用型人才的培养要求,高等院校在物流专业实践教学工作方面仍需不断探索。孙卫华(2010)认为各高校都能认识到实践教学对培养当代社会下的物流人才的重大意义。近年来,高校在实践教学上加大了改革力度,但是各高校如何进一步深化改革仍要进行进一步的探索。基于此形势,指出了物流专业实践教学过程中存在实验室资源不齐全以及物流设施与设备更新变化缓慢、企业参观实习走过场、实践教学师资队伍缺乏等问题。毛娟娟等(2010)则认为实践教学历来是我国高等教育薄弱点。虽然诸多高校在物流管理教学领域对学生的实践能力进行了重点培养,但实施结果却收效甚微,并指出培养学生的实践能力是一项复杂的系统工程。其通过对高校物流实践教学现状的调研和实践教学计划和内容的分析指出我国物流实践教学存在实践环节少、领导不重视、实践师资缺乏等具体问题。邓恢华(2010)从目前独立学院物流专业的视角出发,指出实践教学中存在的教师和学生对实践教学的重要性认识不够、基本条件不够完善、实践教学内容落实不到位、实践教学评价体系不健全等多个问题。张世军(2010)则指出实践教学是物流管理专业教学体系中最薄弱的环节,物流管理专业的校内外实训基地利用率普遍较低,实践过程中案例选题方面缺乏专业性审视。郑宁等(2016)认为物流是实践性较强的应用型学科,物流实践环节是培养物流专业学生综合素质的重要关卡。通过对国内外43所高校的物流专业开展调研分析,并指出物流专业人才的缺失已成为我国物流业发展的最大瓶颈,加快物流人才的培养是推动我国物流产业健康发展的战略性任务。董振宁(2016)强调了实践教学对大学生综合素质培养的重要性,认为国内现有的实践教学体系虽然形式丰富,但并没有完全达到培养创新人才的效果,物流软件模拟、企业认识实习等方面的理念已经落后,提出教师指导以及学生参与的积极性不高,学校对实践的质量控制不够以及校企合作等方面的问题。秦春节(2016)也指出现下具有良好的综合能力和素质的物流人才最为紧缺，并且市场对于物流人才的能力要求变得更高。多数高校的物流实践教学方法和手段仍处于摸索阶段，尚不能满足地区经济发展需求。而在实践教学方面，麻黎黎(2010)建立了基于"三出三入"校企特色合作方式，强调物流人才培养应与地方经济发展紧密结合。在物流管理课程的教学上，提出课程设置老化、教学内容落后、教学方式简单等问题，探索了实践物流管理专业课程教学体系改革，旨在优化培育学生的职业、知识、素质能力。周洁(2011)认为物流从业人员的知识、技能应随企业生产工艺流程、产品特征、市场需求等条件的不同而应有所差别，并基于这些差别对校企合作下的物流人才的培养进行了探讨。董永茂(2007)认为为满足社会对物流人才的需要，应积极探索出一条物流实践教学的新道路。以浙江财经学院与浙江省八达物流公司联袂培养物流管理专业人员为例，探索了物流方面校企合作、强化物流管理专业实践教育的新途径。至于对物流学习工厂这一新兴物流实践教学模式的国内理论探索则更为鲜见。

因此，通过对文献的解读分析可以知道，目前情况下，我国大多数高等院校在物流类专业上的实践教学模式上仍然存在不少问题。物流管理专业是实践性很强的专业，随着当代产业的变革，社会对物流岗位工作人员的要求一直处于不断的变化之中。而物流岗位的专业技能往往具备综合性、交叉性的特点，这就要求学生在掌握基本的物流管理专业理论的同时，还要掌握比较全面的岗位操作技能与物流工作的实践经验。因此，针对国内现有物流类专业在实践教学领域存在的不足之处，本研究以宁波工程学院对物流类专业实践教学的方法探索为经验，提出了一种基于物流学习工厂的实践教学模式，并分别从实践教学目标设计、实践教学内容构建、实践课程体系协同优化和实践教学评价四个方面阐述了该模式的具体实施过程。在此基础上，本研究对实践教学模式课程体系进行了设计，并对实践教学模式的教学效果进行评价。并以此提出基于物流学习工厂的应用型高校物流类专业实践教学模式发展建议。

二、基于物流学习工厂的应用型高校物流类专业 实践教学模式构建思路

宁波工程学院是国家产教融合发展工程建设高校,也是浙江省首批应用型建设试点示范高校。学校明确应用型定位,在对地方应用型本科院校特色发展的道路上进行了积极的探索。新形势下经济建设和社会发展需要人才,由于学校应用型专业占比达到90%以上,近年来学校也十分重视对应用型人才培养的探索与实践,随着社会对物流类人才需求的不断增加,学校应在以学生为中心的教育思想指导下,积极探索符合实际情况的人才培养模式。学校应把培养公共服务发展需要的应用型人才作为主要目标来培养既能掌握专业知识理论,还可以把所学知识应用到实际的问题解决中的专业技术人才。

宁波工程学院物流系下设物流管理、物流工程2个物流类专业,其中物流管理专业为浙江省重点建设专业以及宁波市服务型重点专业。为了适应地区经济发展以及物流产业的发展需求,在实践教学上,学院逐渐加大实验室建设投入,尝试探索基于物流学习工厂的实践教学模式。硬件建设如图9-1、图9-2所示。

图9-1 仓储与机器人

图9-2 精益生产

(一)实践教学目标设计

应用型高校的教学满足中国经济社会在发展过程中对科学文化水平和知

识结构的要求,满足地区经济的发展需要。为使学生更好地适应社会变革,在实践教学中应侧重于培养学生的实践能力以及对专业知识的应用能力,以此提高学生的专业技能,帮助学生更好地就业。

因此,在已有文献梳理和国外实践案例分析的基础上,应结合应用型本科院校的人才培养定位和 OBE 教育理念,围绕物流类专业人才培养总体目标的基本框架,明确基于物流学习工厂的实践教学目标,即要求学生在基于物流学习工厂的实践教学过程中,从敏捷开发(Scrum)能力和工作流程定制能力两个方面来提高自身具体能力和素质要求。

(二)实践教学内容构建

遵循 CDIO 工程教育模式,并结合德国罗伊特林根应用技术大学物流学习工厂的实践教学运作经验,设计符合我国应用型高校物流类专业人才培养实际特点的物流学习工厂实践教学内容。通过运用系统科学的方法构建包含设计、构建、调试、运行 4 个方面的完整实践教学体系,同时在实践教学内容上注重人才培养方案中的实践教学多层次交叉融合的特点,分阶段、分层次逐步递进深化。

根据所构建的实践教学内容,提出物流学习工厂的具体建设任务和配套条件。主要涵盖数字规划环境和物理学习工厂两个方面:①数字规划环境,包括计算机辅助设计软件、产品数据管理软件、流程和资源规划仿真软件等;②物理学习工厂,包括装配系统、人机界面、增材制造技术等。物流学习工厂是数字与物理工厂的融合,需要做到两者的无缝衔接。

(三)课程体系协同与优化

依据实践教学模式的培养要求,基于协同理论,优化实践教学内容相关联的课程体系,提高学生的专业综合技能。主要考虑实践教学课程与数字规划环节和物理学习环节的协同性,以保障物流学习工厂实践教学的顺利实施。协同课程包括：①通识课程，如计算机基础、C 语言程序设计等；②专业基础课，如管理信息系统、运筹学、管理学等；③专业课程，如物流系统规划与设计、物流设施与设备、物流信息技术、物流系统仿真、供应链管理、交通运输学、港口物流管理等；④实践课程，如企业认识实习、行业参观与调研、课程设计、学年论文等。并不断地依据物流学习工厂实践教学的反馈，及时、灵活的调整实践教学体系中的不足之处，并且根据反馈有针对性地优化调整课程体系，以及适度的调整相关课程的具体的实践教学内容与比例。

(四)实践教学评价

以参与物流学习工厂实践训练的物流类专业的学生为调查对象，借助技术 SPSS 软件来进行定量分析，辨识学生在物流实践体系下的学习兴趣、专业技能培养、理论知识理解、团队合作、讲解解析问题等方面的接受程度。从而对物流学习工厂实践教学模式的实施效果进行科学合理的评价，并进一步提出调整和优化实践教学模式的相关建议和改进措施。

三、基于物流学习工厂的应用型本科院校物流类专业实践教学体系设计

对于应用型本科院校物流类专业来说，应当充分注重对学生实践能力的培养。学校本身应该积极融入地方的经济社会发展，推进产教融合，激发学生的创新、创造能力。在积极促进地方经济发展的同时，着力探讨可以提高人才培养质量的实践教学的可行性方案。也可以积极推进校企合作，为地方区域的发展培养综合性的应用型人才。对师资队伍的建设也是在培养应用型人才道路上的重要环节之一，打造适合应用型人才培养的师资队伍已是大势所趋。

从现阶段的产业发展来说，构建科学、合理的实践教学体系，并且按照既定目标完成实践教学内容，无论对于物流类专业本身的内在要求还是对于提高社

会所需的物流专业人才的质量都显得尤为重要。然而国内现有的实践教学体系虽然形式丰富,但实践教学内容和实践教学目标尚未落实,规划与实际相差甚远,在培养创新人才方面的效果并不理想,在物流软件模拟、企业认识实习等实践教学方面也相对落后。另外,在实际教学过程中仍侧重于理论教学,而实践课程的设置不明确、不系统,在很大程度上忽视了对学生实践能力的培养。根据社会对应用型本科院校物流类的需求,其在教学过程中应尤为重视实践教学,应通过设置科学、合理的课程来构建完善的理论与实践相结合的物流实践教学体系,培养学生的创新和实践能力,学校通过理论教学和实践教学的有机结合,逐步实现应用型本科院校物流类专业人才的培养目标。

(一)实践教学体系构建思路和原则

1. 构建思路

应用型本科院校物流类专业学生的培养不仅应该强调掌握基础理论、知识和能力,更应该重视对专业技能和实践能力的掌握。因此,本研究构建的应用型物流人才素质结构主要包括理论部分和实践部分两部分。理论部分主要包括管理学知识、物流专业知识、科学技术和方法论知识三方面内容;实践部分的目标则是需要培养应用型本科院校物流类专业学生包括实际问题解决能力、系统分析能力、实操能力、创新和创业能力在内的实践能力。具体分析如表 9-1 所示:

表 9-1　应用型物流类专业课程结构分析

	理论部分	管理学知识
		物流专业知识
		科学技术和方法论知识
应用型物流人才素质结构	实践部分	实际问题解决能力
		系统分析能力
		实操能力
		创新和创业能力

2. 构建原则

基于物流学习工厂的应用型本科院校物流类专业实践教学体系设计必须符合应用型人才培养目标的要求。课程体系的构建要遵循以下几个基本原则：

（1）以能力为导向

应用型本科教育以能力为本位，尤其应该注重对学生实践能力的培养，以便为其进入社会并适应社会需要打好基础。而构建科学、合理的应用型本科院校物流类专业实践教学体系是物流类专业本身的社会实践性的内在要求，更是提升物流专业人才专业能力的客观要求。因此，应用型本科院校物流类专业实践教学体系应当以能力为导向，以培养物流类专业人才。首先要对物流行业人才市场需求进行调研，从明确现下市场所需物流人员的素质和能力出发，以核心能力为导向确定物流类实践教学课程体系。在实践教学课程体系的设计中，应认真听取并全力落实物流行业专家的意见。

（2）以物流学习工厂为基础

应用型本科院校物流类专业的教学目的不再是单一的拓展理论深度和广度，而应根据社会对物流人才的需要，适度提高专业技术课和能够提高学生的专业能力的实践教学比例，让学生在掌握坚实的基本理论知识和方法的同时，可以对所学知识灵活运用并加以创新，真正做到学以致用。随着制造业智能化发展，传统的物流实践教学体系下培养出的学生，已经无法满足新形势下物流行业迅速发展的需求。为适应物流产业发展趋势，探索适应新型物流类专业实践教学体系已势在必行。因此，本研究在 CDIO 工程教育模式的基础上，结合德国罗伊特林根应用技术大学物流学习工厂的实践教学运作经验，设计符合我国应用型高校物流类专业人才培养实际特点的物流学习工厂实践教学内容，以满足应用型本科院校培养具备实践操作、发现、分析并解决实际问题等实践能力以及较高的综合素养人才培养的目标。

（3）合理设置理论教学和实践教学

物流理论教学为实践教学提供指导，只有理论教学到了一定的高度，才能使学生在实践教学中高效、快速地提升实践能力。而在实践教学中通过对学生在实践中发现的问题进行归纳总结,再次形成理论教学课件,在下一次的授课中指导学生予以改正。总的来说,理论教学与实践教学不能分开而论,而应采取理论与实践一体化的教学模式,这样教学才会更高效。

在课程体系的设计时,在明确物流类专业实践教学模式的目标的基础上,合理地处理理论教学和实践教学的关系,同时理论和实践教学课时与学分要设置合适的比例。而在实践教学内容的设计上则应要根据物流行业现阶段发展以及行业未来规划的实际需要进行设置,强调基础、实操,重视培养学生的专业基础、技能和解决实际问题的能力。

(4)遵循层次性、整体性的要求

根据应用型本科教育的培养目标,物流类专业实践教学体系要有层次性,可以通过实验实训、企业见习、专业实习、到后续的综合设计和社会实践等等形式,分阶段、分层次推进实践教学环节,要求物流实践教学内容能够体现对学生分析能力、创新能力和解决生产实际问题能力的要求。物流类专业实践教学体系要有整体性,所有的实践环节必须以提高学生的实践能力为目标,能够综合反映物流类专业实践教学过程中的一系列问题和情况,通过实践教学的方式,来增强学生运用所学知识和技能在实践过程中解决实际问题的能力,形成物流类专业整体的实践教学体系。

(5)动态调整

由于物流行业的快速发展、物流技术的不断进步,一个典型的且具有实际价值的物流类专业教学体系,应当与社会同步发展,这样才能保持其新鲜度和时效性。因此,为保证物流实践教学体系的可持续发展,满足不断发展的物流行业和社会对高校教学的需求,在实践教学过程中,物流类专业实践教学体系,包括实践教学内容、实践培养模式等,必须进行适时的调整、更新,以紧跟物流实践发展的步伐。实践教学内容、训练方法等决不能停留在一种状态,应根据其最新发展情况及时地进行调整、更新,以保证实践教学体系的质量。而当生产实践出现新的问题、实践教学内容需要拓展、反馈评价对实践教学有新建议等情况的出现时,则需要添补新的实践教学课程并剔除研究意义不大的旧的实践教学课程,以保证实践教学体系的时效性。

3.课程体系的设置

设置合理的物流类专业实践教学课程体系是培养学生物流理论知识,专业技能和发现、分析并且解决实际生产中遇到的问题的能力的有效途径。本研究依据物流类专业实践教学模式的培养要求,基于协同理论,优化实践教学内容相关联的课程体系,提高学生的专业综合技能和实践能力。主要考虑教学课程与数字规划环节和物理学习环节的协同性,以保障物流学习工厂实践教学的顺利实施。因此,课程应该包括:①通识课程,如计算机基础、C语言程序设计等;②专业基础课,如管理信息系统、运筹学、管理学等;③专业课程,如物流系统规划与设计、物流设施与设备、物流信息技术、物流系统仿真、供应链管理等;④实践课程,如企业认识实习、行业参观与调研、课程设计、学年论文等。并不断地依据物流学习工厂实践教学的反馈,有针对性地优化调整课程体系,以及相关课程的具体教学内容与比例。

表 9-2　基于物流学习工厂的应用型本科院校物流实践教学模式课程体系设计

学年	模式	目标
大一	"基础课程＋实验实训"	掌握物流专业理论知识,培养学生的实践能力,为实践教学打好扎实的基础,达到初步了解物流行业现状、业务流程的目的
大二		
大三	"专业课程＋物流工厂"	加强培养学生物流专业知识,锻炼学生的实训、实操能力,对物流企业生产运作有更深的了解
大四	"企业实习＋毕业设计"	培养学生的洞察力和解决物流实际问题的能力,为后续就业做好衔接

(二)层次分析法构建实践教学课程体系

层次分析法(Analytic Hierarchy Process,简称 AHP)是美国著名运筹学家 Satty 教授于 20 世纪 70 年代初提出的。层次分析法是对一些较为复杂、较为模糊的问题做出决策的简易方法,它特别适用于那些难于完全定量分析的问题。通过层次分析法可以对多目标、多准则、多因素的复杂系统进行分析。层次分析法的思想是首先通过建立清晰的层次结构来分解复杂问题,其次引入测度理论,通过两两比较,用相对标度将人的判断标量化,并逐层建判断矩阵,然后求解判断矩阵的权重,最后计算方案的综合权重并排序。而应用型本科物流专业实践教学涉及范围较为广泛,需要考虑物流实践教学定位、师资力量、教学条件等客观性不强的因素。考虑到此类因素,应用型本科物流专业实践教学课程体系设置较为复杂多且不易量化。因此,本研究应用层次分析法来确定实践教学课程体系中各指标的权重,以此来解决应用型本科物流专业实践教学课程体系设置的问题。

基于层次分析法构建实践教学课程体系主要包括以下四个步骤:①构建层次分析结构;②构建判断矩阵;③判断矩阵一致性检验;④判断矩阵权重求解。

1. 构建层次分析结构

基于物流工厂,根据实践教学的培养模式,结合应用型物流人才所需的专业技能和实践能力要求,遵循层次分析法的构建原则和物流行业专家的建议,构建物流类专业的实践教学课程体系。其层级结构划分三个层次,第一层为目标层,即物流类专业的实践教学课程体系;第二层则为准则层,本研究将物流类专业的实践教学课程体系分解为通识课程、专业基础课、专业课程、实践课程这四个部分;第三层则为指标层,共有计算机基础、C 语言程序设计、管理信息系统等 15 个不同的课程分别对应上一层次的四个部分,如图 9-1 所示:

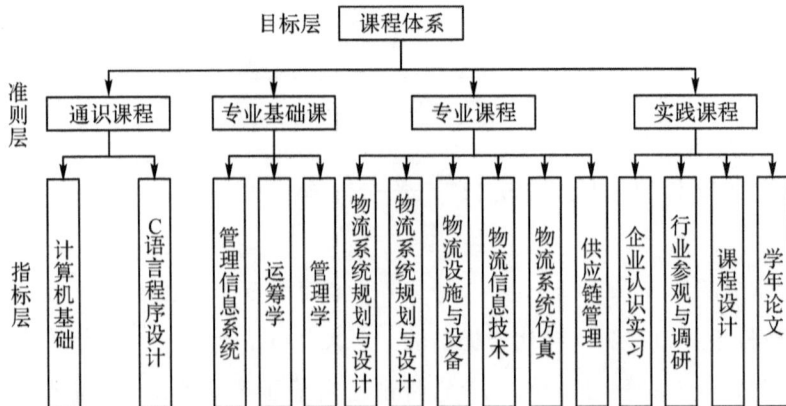

图 9-1　层次分析法构建物流类专业的实践教学课程体系结构图

2. 构建判断矩阵

建立层次分析模型后,需要通过各层元素间的两两比较来构建比较判断矩阵。对于 n 个元素来说,得到比较判断矩阵用 $C=(C_{ij})_{n \times n}$ 表示。

3. 判断矩阵的一致性检验

①计算一致性指标 CI

$$CI = \frac{\lambda_{max} - n}{n - 1}$$

②查找相应的平均随机一致性指标 RI,如表 9-3 所示。

表 9-3 *RI* 的值

n	1	2	3	4	5	6	7	8	9
RI	0.00	0.00	0.58	0.90	1.12	1.24	1.32	1.41	1.45

③计算一致性比例 CR

$$CR = \frac{CI}{RI}$$

当 $CR<0.01$ 时,即认为判断矩阵具有满意的一致性,否则就需要调整判断矩阵,使之具有满意的一致性。根据层次总排序公式计算可知一致性指标为 $CR=0.0051<0.01$,表明计算结果可用于构建物流类专业的实践教学课程体系。

4. 判断矩阵权重求解

根据层次分析法的步骤,本研究最终确定的构建物流类专业的实践教学课程体系权值如表 9-4 所示:

表 9-4　实践教学课程体系权值

准则层	通识课程	专业基础课	专业课程	实践课程	各课程占总课程体系的权重
	0.1107	0.2213	0.2896	0.3172	
计算机基础	0.5000				0.0554
C 语言程序设计	0.5000				0.0554
管理信息系统		0.2500			0.0554
运筹学		0.5000			0.1107
管理学		0.2500			0.0554
物流系统规划与设计			0.0975		0.0282
物流设施与设备			0.1949		0.0564
物流信息技术			0.2527		0.0732
物流系统仿真			0.2600		0.0753
供应链管理			0.1949		0.0564
企业认识实习				0.1179	0.0374
行业参观与调研				0.2358	0.0748
课程设计				0.3085	0.0979
学年论文				0.3379	0.1072

通过上述结果可以得出，在本研究提出的基于物流学习工厂的应用型本科院校物流类专业实践教学模式课程体系设计中，排序第一的为实践课程，其次分别为专业课程和专业基础课，最后则是通识课程。这说明了在构建物流类专业实践教学模式课程体系设计的过程中，应当尤其注重对学生实践能力和专业技能的培养，在课程设置上也应当在一定程度上加大实践类课程的教学力度，但也不可以忽视通识课程的作用。具体分析如下：①通识课程的权重值约为0.11，通识课程通过知识的基础性、整体性、综合性、广博性，帮助学生开阔视野、避免褊狭，培养学生的独立思考与判断能力，在整个阶段中起到基础性作用，帮助学生打下坚实的基础，快速地培养专业能力。这个阶段在整个课程体系中所占比例较少；②专业基础课是实践教学课程体系设置的一种为专业课学

习奠定必要基础的课程,是学生掌握专业知识技能必修的重要课程,其权重值约为 0.22,在整个实践教学阶段的课程中所占比例相对较多;③专业课程的权重值约为 0.29,是对专业基础课建设效果的巩固和完善,这个阶段是学生学习专业知识的关键时期,是提高学生专业技能的重要阶段,权重值占到整个实践教学课程体系的第二位;④实践课程的权重值为 0.32,权重值最高,即实践课程阶段最为重要,也是构建物流类专业实践课程体系的重中之重,应当投入更多的精力和资源。作为应用型本科教育人才培养的初衷,让学生能够在物流企业、实地训练中获取生产一线的知识尤为重要,能够很好地培养学生的专业技能和综合能力。实践课程阶段是学生提高生产实践综合能力的特殊时期,在物流工厂以及物流企业中进行专业实践是学生走出学校和走进社会的重要环节。因此,在应用型本科实践教学过程中应该给予特别重视。高校在让学生学习基础课程的同时,通过各种实践活动来提高学生的专业技能和素养。

综上所述,本研究利用层次分析法设置应用型本科物流类专业实践教学课程体系,不同比重的课程能够让高校的实践教学更为高效、科学,使物流人才的培养模式更符合应用型本科院校、企业以及社会的要求,同时也为学生更好的就业服务。

基于物流学习工厂的应用型本科院校物流实践教学课程体系的建设,能够为培养高水平的创新性与应用型并重的人才提供有力的支撑。通过构建基于物流学习工厂的应用型本科院校物流实践教学课程体系,有机融合理论知识和实践经验,为学生建立真实有效的实践环境,促使学生提高自身的知识水平和专业技能,这也符合应用型本科院校自身的办学定位和人才培养目标。

四、基于物流学习工厂的应用型本科物流实践 教学模式的教学效果评价

实践教学效果评价是实践教学模式的重要组成部分,建立并完善科学的实践教学评价,已成为保证实践教学规范化和完善实践教学内容的重要步骤。伴

随着物流行业的高速变革,物流类专业的实践教学模式每年都在发生改变,总体上存在差异性大、环节多、周期长、分散性强、可控性差等特点,现尚无健全的实践教学效果评价体系。再者,物流实践教学模式的教学效果,将直接影响物流类专业学生的培养质量,尤其是对其实践能力培养和专业技能的提升方面具有较大的影响。因此,开展对应用型本科院校物流实践教学模式的教学效果评价的研究,对于推动物流类专业的实践教学改革与发展和提高实践教学质量具有重要现实意义。为确定基于物流学习工厂的物流实践教学模式的教学效果,本研究通过问卷调查法获得基于物流学习工厂的物流实践教学模式教学质量与效果的采样数据,并通过 SPSS 构建实践教学评价数据库,采用统计学方法进行相应的数据分析与讨论,以期为今后的物流类专业的实践教学提供指导。

1. 研究对象

本研究的对象为宁波工程学院 14、15、16 级物流专业的部分学生,共计 160人,将该组学生的实践教学划分为 2 种模式:(1)传统实践教学模式,共计 80人;(2)基于物流学习工厂的物流实践教学模式,共计 80 人。

2. 研究方法

(1)问卷调查

对研究对象进行为期四个月的实践教学,并通过问卷调查法采取无记名的形式对参与基于物流学习工厂的物流实践教学模式和传统实践教学模式的两组同学进行调查。根据调查目的,参考物流行业专家和学者的相关建议进行调查问卷设计。调查问卷围绕基于物流学习工厂的物流实践教学模式对是否能够提升学生的专业技能和能力等 8 个调查问题进行评价计分,调查问题分别如下所示:

问题①,是否有利于提高学习兴趣和主动性;

问题②,是否有利于专业技能的培养;

问题③,是否有利于增强对理论知识的理解;

问题④,是否有利于提高社会关系能力;

问题⑤,是否有利于提高分析和解决问题的能力;

问题⑥,是否有利于培养团队合作水平;

问题⑦,是否有利于提高科研和创业的兴趣和能力;

问题⑧,是否有利于提高任课教师的教学水平。

每个调查问题共包括 5 个评价等级,由低到高划分为 5 分:"几乎没有"计为 1 分,"很少"计为 2 分,"较多"计为 3 分,"很多"计 4 为分,"十分多"计为 5 分。调查前后,物流管理专业的学生根据自己的实际情况对各个调查问题进行评价计分。调查问卷必须由经过统一培训的调查员统一发放,参与调查的学生应当按照调查问卷的内容逐条、如实、独立进行填写,并由调查员当场对问卷进行回收。问卷现场如图 9-3、图 9-4 所示。

图 9-3 问卷现场(1)   **图 9-4 问卷现场(2)**

(2)统计学方法

SPSS 是世界上应用最为广泛的统计分析软件之一。SPSS 能够提供有效、易用的统计分析和数据挖掘解决方法,完成数据的获取和数据的分析,因此基于 SPSS 的数据分析被广泛地应用在决策制定中。因此,为了更加科学、有效地评价基于物流学习工厂的物流实践教学模式的教学效果,本研究采用 SPSS 中独立样本 t 检验。

3. 评价结果与分析

(1)评价结果

参与基于物流学习工厂的物流实践教学模式和传统实践教学模式的两组同学的评价计分比较如表 9-5 所示,参与基于物流学习工厂的物流实践教学模式学生对问题 1 至问题 8 的评分均显著高于参与传统实践教学模式的学生,差异均有统计学意义($P < 0.05$)。

表 9-5　学生对实践教学模式评价计分比较

	传统实践教学模式	基于物流学习工厂 的物流实践教学模式	t	P
问题 1	3.20 ± 0.10	3.88 ± 0.14	3.898	0.000
问题 2	3.53 ± 0.16	3.95 ± 0.12	2.597	0.013
问题 3	2.95 ± 0.17	3.43 ± 0.14	2.098	0.042
问题 4	2.40 ± 0.17	3.60 ± 0.11	5.495	0.000
问题 5	3.00 ± 0.16	4.08 ± 0.08	5.959	0.000
问题 6	3.06 ± 0.18	3.70 ± 0.15	2.452	0.019
问题 7	2.65 ± 0.15	3.33 ± 0.17	3.538	0.001
问题 8	2.70 ± 0.14	3.15 ± 0.15	2.126	0.040

（2）结果分析

分析可知,基于物流学习工厂的物流实践教学模式,能够很好激发学生的兴趣,让学生在适应物流行业发展的同时也能够很好地体现应用型本科院校物流类专业的实践教学目的和教学特征。并且与传统的实践教学模式相比较,基于物流学习工厂的物流实践教学模式能够对学生在创新、创业、专业技能、实际解决问题等各方面的培养有显著的作用,也能明显地帮助学生提高专业技能和综合实力,帮助学生更好地融入社会、与时俱进。

物流类专业是实践性较强的学科,要使学生学习兴趣提高,自觉、自主将所学到的物流理论知识与专业技能应用到日后的实践、工作和创新中,只靠课堂上的理论知识教学和传统的实践教学是很难达到效果的,必须强化基于物流学习工厂的新型实践教学模式。而基于物流学习工厂实践教学也是物流类专业的学生走向社会,步入工作岗位的预演和必经之路,实践课程环节是学生积累实际工作经验、了解工作环境、提高社会适应能力的重要阶段。这也印证了基于物流学习工厂的应用型高校物流类专业实践教学模式具有明显的教学优势,应该得到充分的认可和重视。同时还说明了,基于物流学习工厂的物流实践教学对物流类专业学生来说具有十分重要的意义,能帮助学生理论联系实际、提高实践和实操能力。

五、基于物流学习工厂的应用型高校物流类专业实践教学模式发展建议

1. 加强硬件与软件建设

当今形势下的物流行业对信息、自动化等有着极高的要求，对物流实验室的要求也是这样。通过加强实验硬件和软件建设，学生可以以课堂上学到的理论知识为指导来进行操作，如在模拟企业物流管理过程学习更新的理论知识和企业管理经验。这样一来学生可以深刻理解物流流程，掌握物流实际工作中的操作细节等无法从书本里学到的技能。物流实验室的建立，可为学生提供较好的实际操作的机会，还可以促进学生将理论与知识结合，完善自身的知识结构体系，为培养自身在物流管理方面的综合能力提供条件。

物流学习工厂是一种新型的实践教学方式，不仅需要实验室硬件建设，而且需要相关的软件配置和流程设计，以实现数字和物理工厂的协同。因此，需要对原有的物流类实验设施进行颠覆性地改造，以保障实践教学模式的顺利实施。物流学习工厂的建设与物流实践教学的质量和效果密切相关。因此，在建设过程中必须充分考虑院校自身的办学特色以及物流行业的实际要求，切合实际地设计实践项目，以满足人才培养要求，培养理论和实践能力兼具的高素质物流创新人才。

物流类专业应当充分借鉴国内外高校物流实践教学的先进经验，从物流学习工厂建设、共享资源平台建设、合作互动机制建设这三个方面入手来加强硬件与软件建设。

（1）积极推进物流学习工厂的建设

科学规范的组织和管理机构是物流实践教学得以顺利开展的保障。应用型本科院校的物流类专业，应积极与企业、单位紧密合作，建立长期合作关系，共同发展。共同建立物流实践教学资源联盟，积极推动技术创新，开发实

践教学资源,组建双师型教学团队,共建校内实验室和校外实践基地,为科技开发和人才培养创造条件。大学校园作为教学、科研与产业三者相结合的重要基地,应加快建成高校技术创新的基地、高新技术企业孵化的基地、创新创业人才培育基地。应当在已有基础之上,根据教学目标和其对学生能力培养的要求,构建科学、合理、高效的基于物流学习工厂的实践教学内容,并加快相配套的基础设施和设备的建设,为物流类专业学生提供无限接近现实企业的物流运作环境的机会。

(2)搭建物流实践教学资源网络平台

为更好实现物流实践教学资源的共享,突破时间和空间的限制,在构建物流学习工厂的基础上可开发物流实践教学资源开放共享的网络平台,通过信息化途径对外开放共享。网络教学资源开发共享平台的建设,推动了优质教学资源整合及共享,推动信息技术下的教学建设和教学改革,为广大物流学子提供了优质的教学资源和拓展资源,有助于学生学习的主动性、交换性学习和协作学习。通过优化资源配置、提高资源利用率、激发科技创新活力,充分利用现代信息技术手段,进行学校资源建设与企业实践项目的有机衔接,进一步提升全校资源的共享程度与利用水平。

平台可以依托学校和企业的资源优势,突破传统的封闭式运作模式,通过实验室设备资源共享机制,合理配置实验室资源,以提高设备的使用效率,提升中心的辐射能力。建立校企战略合作关系,构建物流教学资源共享平台,增强校企之间的协调和配合,共享物流理论教学、实践教学、实践基地和物流师资等资源,实现供需对接、人才交流和信息的广泛共享,将产业发展、技术创新、管理创新和人才培养有机结合,加快形成具有层次化、多样化共享资源的网络平台。为培养物流类学生的实践能力和专业技能做支撑,为物流行业的发展提供更好的智力支持和人才保障。

(3)加强校企合作

传统的教学模式使人才结构不合理,学生学术理论基础不强,而通过校企合作的方式,可以发挥学校和企业的各自优势,共同培养社会与市场需要的人才,是高校与企业双赢的模式之一。加强学校与企业的合作,教学与生产的结合,校企双方互相支持、互相渗透、优势互补,是实现高校教育及企业管理现代化、促进生产力发展、使教育与生产可持续发展的重要途径。由此可见,产学结合是促进科技、经济及企业发展的有效手段,校企合作是办好高校教育,促进合作企业活力,培养生产、建设、管理、服务第一线专门人才的重要途径。

培育物流类专业特色,建立互惠双赢的校企合作模式,这不仅有助于培养适应市场需求的专业化物流人才,同时有助于推动我国物流学科专业建设的进步,加速我国物流产业发展的步伐。深度的校企合作是物流实践教学顺利开展的基础和保障。同企业建立相对稳定的校外实训基地,有助于为学生毕业后的实际工作进行实际训练和能力培养。实践教学在很大程度上要靠社会条件的推动才能进行,学生通过在企业学习期间的实践,把专业课的理论知识同实践中的实际问题结合起来,通过发现、分析来解决实际问题。也可以根据物流行业特色和物流企业发展现状,来探索新型的人才培养模式,合作开发具有物流类专业特色的课程、教材及其他教学材料,例如:电商物流、冷链物流、汽车物流等,共同培养学生的理论知识,强化学生的实践技能等。

2. 有效保障实践教学内容的质量

当下对物流人才的培养已迫在眉睫。传统的教学方法培养出来的学生,缺乏现代物流的观念,对物流的运作流程流于纸面,更别说同时通晓相关领域。而伴随着我国物流产业的迅猛发展,以及物流领域可预见性的远大前景,培养优秀物流人才、满足各方需求,既可以增加毕业生的就业机会,也可以在一定程度上提高学校的口碑。总而言之,培养出复合型的专业人才和技能人才已成为应用型高校的大势所趋。

基于物流学习工厂的应用型高校物流类专业实践教学模式,强调物流人才培养的基础是使物流类专业的学生具备形成技术应用能力所必需的理论基础和专业知识,同时具有较强的综合运用的能力和解决实际问题的能力。为实现物流人才培养的目标,则必须有效保障实践教学内容的质量。可以通过三个措施来保障实践教学内容的质量。

(1)合理设置实践教学课程

科学合理的实践教学课程是实现应用型高校人才培养目标的有力支撑,是实践教学取得较好成绩的重要保证。有效实施基于物流学习工厂的物流实践教学模式,提高学生实践应用能力以及创新精神和创新能力。实践课程的设置,应与当前物流产业发展的需求与趋势相结合,保持实践课程的先进性和时效性,确立培养目标。通过不断更新和完善实践课程,以保证实践课程的质量。同时,根据学习实践过程中出现的新问题,设置新的实践课程入库并删除教学意义不大的旧课程,以保证课程体系与时俱进。

(2)改革实践教学结构体系

注重培养学生积极主动的创造精神和实践能力,形成以学生为主体、教师指导为辅的实践教学模式。可以通过具体的实践项目或典型案例等形式,让学生提出一个完整的解决方案,提高学生的实践能力和分析解决问题的能力。实践项目选题要注意联系实际,充分考虑题目的新颖性、综合性和应用性。既能利用学生学过的理论知识,又能够激发学生去探索。

在实践教学过程中,激发学生学习兴趣,帮助学生形成学习动机,培养学生的积极性、主动性和创造性。使学生明确物流实践学习的目的和方法,唤起学生主动学习的意识。在实践教学中,引导学生进行正确的自我评价,开发学生主体潜能,发挥学生的主体作用,从而提高教学效果。

(3)整合实践环节内容

实践的每个环节都应有针对性的对应物流行业工作的流程,同时也要结合当地物流行业的发展现状进行设计、调整,最大限度地使同学们在实践中获得专业技能的训练。因此,根据物流类专业实践教学的培养目标以及社会对物流人才需求的变化,从物流行业的发展变化和企业用人需要的角度出发,及时调整教学内容,整合实践环节内容,避免内容重复,保障实践教学内容的质量。优化和完善多种形式的实验实训教学计划,增加实践课时比例,加大实践环节的考核力度,分阶段组织实习。

3.加强实践教学师资队伍建设

教师,特别是高素质、高水平的教师,在物流专业教育事业的发展与提高上都起到极大的作用。在层次众多、类型多样的物流教育体系中,促进学生全面发展、深入钻研,无不需要教师具有完整的知识结构,高超的教学能力,不懈的专业追求。所以发展与提高物流专业的教育,就必须发展与提高物流专业教师的素质;要办一流的教育,就必须造就一流的教师队伍。基于师资在实践教学实施过程中起的关键性的作用,师资队伍的建设是办好高水平物流管理专业最关键的因素。

加大对实践教学师资力量建设的力度是实现基于物流学习工厂的物流实践教学模式的基础和重要保障。该模式不仅要求指导教师具备扎实的物流专业理论功底,而且还要求教师必须掌握相关物流和流程设计软件的使用及教学能力。同时,还应当具备丰富的实践经验和专业技能。因此,可以通过鼓励教师尤其是青年教师去物流企业挂职锻炼,或聘请物流企业的管理人员到学校担任兼职教师等途径,协同完成实践教学课程的教授与指导,建立一支素质高、结构合理的专业师资队伍。可以通过以下三个途径来加强实践教学师资队伍建设。

(1)对现有师资应采取挂职、顶岗的方式进行培养

改革实践教学创新方法和手段,采用一定的激励措施动员现有专业教师深入到企业进行顶岗、轮岗工作,让一部分教师分期分批轮流去企业挂职,进行实践能力的培养,提高职工的生产技能与工作能力,使教师能对实践环节有更全面的了解,进一步提高专业教师的素质。

教师肩负着培养面向生产建设服务和管理一线需要的高技能人才的使命。教师在企业挂职、顶岗,对教师重视学生在校内学习与实际工作的一致性有很强的引导作用。教师通过在企业的学习,可以更加深入地探索行业物流前沿的实践教学模式,探索课堂与实习地点的一体化等,而缺乏实践经验的教师则难以完成这些教育教学要求。

(2)可以通过多种途径进一步调整师资队伍的结构

建立由企业行业专家、技术骨干和能工巧匠组成的动态兼职教师库,形成实践技能课程主要由具有相应高技能水平的兼职教师讲授的机制;或者聘请社会兼职教师,与专职教师共同完成相应的实践课教学任务,并指导青年教师的

实践课教学；成立专家指导委员会，聘请企业具有丰富实践经验的部门主管作为兼职教师，为学院的教师和学生做专题报告，解答教师和学生提出的问题。

教师具备适应新形势的能力，对教师的建设是提高教学质量的关键性因素。在大多数院校中，有较强的实践操作技能和企业工作经历的教师数量不足。为了建设完善的物流实践教学体系，在提高师资队伍结构的探索中，应侧重培养教师在实践方面的积极性和创新性。

（3）探索校企合作方式，建设优秀的教师队伍

不断健全和优化教师队伍结构，充分发挥各种制度在教师队伍建设中的积极作用，提高教师队伍的凝聚力和创新性。探索校企合作方式的持续性、稳定性和长久性，有利于高等院校师资队伍的建设和发展，实现院校特色建设和高素质技能型专门人才的培养目标，最后实现双赢。在校企合作模式下，院校应与时俱进更新观念，加强教师队伍的制度建设，学校应与企业开展深层次、多方位的校企合作，加强教师队伍建设，促进院校教育稳定和长久发展。

校企合作大力开展专业带头人的队伍建设，形成由本校培养或引进的专业带头人与来自企业行业的兼职专业带头人组成的专业带头人团队；校企合作大力开展骨干教师队伍建设，形成由本校培养或引进的骨干教师与来自企业行业的兼职骨干教师组成的骨干教师团队。

4. 深化校企合作模式

虽然学校可以通过实验室仿真的方式开展实践教学项目，但仍然存在实操性不足的问题。而通过校企合作，将物流学习工厂延伸到企业，能够改变单一的实验室教学方式，将实验教学与物流生产实际相结合，实现教学目标和企业需求的深度融合，借助高校的教育资源和企业的技术力量，满足物流学习工厂实践教学要求。学生可以接受学校和企业的双重指导，及时了解企业的需求，把理论知识和实践能力融为一体，真正地提高动手能力、独立分析能力。同时按照企业实际的生产和服务要求参加工作实践、获取工作经验、提升实操技能、提高实战经验。

学校可以通过企业提供的真实市场环境，帮助教师在教学过程中弥补实践

经验不足等短板。通过校企合作的方式,帮助学生及时掌握就业信息,进一步实现学生就业和企业用工的对接,使学生在实习生产和服务中熟悉企业对人才素质的要求,了解企业聘用新员工的意向,直接或间接获得有用的就业信息,在一定程度上可以改变毕业生的就业状况。企业可以借助实践教学项目,培养自身发展所需的优秀对口人才,在一定程度上降低企业对员工的培训成本,从而达到高校、企业、学生三方共赢的良好局面。可以通过认知实习、生产实习、毕业实习等三种形式加强校企合作,培养学生的实践能力。

(1)认知实习

在大学低年级阶段安排学生进行认知实习,它是培养学生研究、观察、分析、解决问题的能力的第二课堂。由于低年级同学对物流的感性认识缺乏,通过认知实习,可以帮助学生对所学专业的性质、内容及其在物流领域的地位有一定的认识,明确大学期间所要掌握的专业知识和应具备的基本素质,为学生了解和巩固专业知识创造条件。因此有必要组织学生去企业进行参观,可以选择本地的3—5家企业进行认知实习。

学生通过在实习中深入实际、认真观察,获取直接经验知识,巩固所学基本理论,保质保量地完成指导老师所布置的任务。指导老师通过培养学生的实践能力和创新能力,帮助学生开阔视野,培养学生在生产实际中研究、观察、分析、解决问题的能力。学生在认知实习期间通过对各种材料的分析以及对各种设备的认识,可以把理论知识和实践结合起来,提高分析和解决物流问题的工作能力。知识只有在实践中才能发挥作用,才能得到丰富完善和发展。学生在实践中继续学习、不断总结、逐步完善、有所创新,并在物流实践中提高自己的专业知识能力,逐步成长为专业物流人才。

(2)生产实习

生产实习一般安排在高年级进行,是实践教学活动中一项重要的环节,旨在丰富学生的专业技能。可以安排在大三暑假进行,学生到企业后,先进行岗位培训,然后进行顶岗实习。在师傅的带领下,学生被安排到一些物流岗位上进行实际的操作和管理。学生实习一周左右后,进行换岗。通过一个月左右3—4个岗位的实习,学生的物流操作与管理的实际能力大大提高。通过参加专业生产实践帮助学生深入了解企业实际工作环境,培养学生适应社会、适应岗位的能力,为就业做好准备。同时,实习对学生了解社会、接触生产实际、加强劳动观念、培养动手能力和理论联系实践的能力等方面都具有重要的意义。

（3）毕业实习

学生到实习单位后,围绕自己的毕业论文进行实习,了解情况,构思论文。通过最多一个月的毕业实习后,学生回学校进行毕业论文的撰写。通过毕业实习,加深理解并巩固所学专业知识,进一步提高认识问题、分析问题、解决问题的能力,为今后走向社会、自主创业做好思想准备和业务准备。经过实习,学生的毕业论文质量将大大提高,能很好地将理论与实践相结合,明确求职方向,积累工作经验,积极思考个人的兴趣所在,明确自己擅长、向往的工作以及将来希望达到的职业目标,帮助学生从学生转变为职场人士做准备。

5. 完善考核和反馈机制

教学是一个有目的、有方向的,完整有序的复杂信息传递系统。实践教学反馈应贯穿于整个实践教学活动过程中,在教学反馈中强化各自适应的行为,巩固成功经验,使错误得到有效纠正。实践教学反馈要求教师针对学生所要掌握的知识技能,收集实践学习的反馈信息,然后进行分析解读,改进教学方法,提高教学质量。

实践教学考核和反馈是实践教学模式的关键一环也是模式自我净化、自我提升的有效途径。

（1）考核机制

传统陈旧的考试模式已经无法适应现代高校对学生评价的标准。为满足现代社会企业对理论与实践技能的综合性人才的需要,建立一套以实际能力考查为主的适合实践教学的考核机制势在必行。在设置考核机制时应当强调学生在各个实践教学环节中的参与程度,案例讨论的深度和广度,能力的展示和提高,性格特征,合作协调的团队精神等多种考核要素。

（2）反馈机制

可以借助科学的定量评价方法,设立规范的流程反馈机制。通过从教学对象中采集相应的教学效果数据认真加以处理分析，找到整个实践教学项目中的不足之处。特别是对于物流学习工厂这类能力培养要求较高的实践项目来说，从学生中获取评价结果并用于进一步完善教学设计显得尤为重要。

六、结束语

本研究通过提出基于物流学习工厂的应用型高校物流类专业实践教学模式并对其在宁波工程学院的探索实践进行分析、提炼，以期能够为我国物流实践教学建设提供经验案例。基于物流学习工厂的物流实践教学模式能为学生构建真实有效的物流实践体验，帮助培养高水平的应用型物流创新人才。今后宁波工程学院还将进一步加强与德国等先进制造业国家的物流人才培养交流与合作，设计出更为合理的符合我国实际国情的物流人才实践教学模式。

参考文献：

[1] E. HOFMANN, M. Rüsch. Industry 4.0 and the current status as well as future prospects on logistics [J]. Computers in Industry,2017,89：23－34.

[2] L. TVRDOŇ,K. Jurásková. Teaching simulation in logistics by using witness and captivate software [J]. Procedia-Social and Behavioral Sciences,2015,176：4083－4089.

[3] W. OFMANN, S. Langer, S. Lang, T. Reggelin. Integrating virtual commissioning based on high level emulation into logistics education [J]. Procedia Engineering,2017,178：24－32.

[4] B. BRENNER, V. Hummel. A Seamless Convergence of the Digital and Physical Factory Aiming in Personalized Product Emergence Process (PPEP) for Smart Products within ESB Logistics Learning Factory at Reutlingen University [J]. Procedia CIRP,2016,54：227－232.

[5] 王海燕.物流管理专业实践教学创新体系研究[J].物流技术,2007(10).

[6] 贺政纲,廖伟,张小强,等.高校物流实践教学体系改革与构建探讨[J].物流工程与管理,2009,31(8):158-159.

[7] 孙卫华.关于高校物流专业实践教学改革的几点思考[J].物流技术,2010,29(11):148-149.

[8] 毛娟娟,龚荷英.湖南高职物流管理专业实践教学现状与培养途径探讨[J].企业家天地(下旬刊),2010(3):199-200.

[9] 邓恢华.独立学院物流专业实践教学存在的问题与改进措施[J].消费导刊,2010(5):176.

[10] 张世军.河南省高职高专物流管理专业实践教学的思考[J].首都教育学报,2010,4(10):37-39.

[11] 郑宁,汪沁.国内外高校物流实践教学资源建设现状调研分析[J].中国市场,2015(2):116-119.

[12] 董振宁,高莉,陈浪城,等.高水平大学物流管理专业实践教学体系研究[J].实验技术与管理,2016,33(6):177-179.

[13] 秦春节,陈琍,王成,等.基于工程实践的物流工程专业实验教学[J].实验室研究与探索,2016,35(1):179-182.

[14] 麻黎黎.基于"三出三入"校企特色合作方式探索实践物流管理专业课程教学体系改革[J].物流科技,2010,33(4):120-122.

[15] 周洁,田侠,何岩松.浅析校企合作模式下的物流专业人才培养[J].北方经贸,2011(4):195-197.

[16] 董永茂.增进校企合作、强化物流管理专业实践教育——浙江财经学院与企业联袂培养物流管理专业人员的探索与启示[J].物流技术,2007,26(9):42-43,47.

[17] 孙宏才,田平,王莲芬.网络层次分析法与决策科学[M].北京:国防工业出版社,2011.

（本案例由原作者宁波工程学院傅海威副教授提供）

港口物流管理专业实践教学体系构建

引 言

本案例来源于《中国物流与采购》,2010 年第 10 期。

通过深化实践教学改革提升应用型人才专业能力培养。针对宁波工程学院物流管理专业(港口物流方向)产教融合人才培养目标,探索构建校企合作为主的专业实践教学体系。

一、实践教学体系概述

(一)相关概念的界定

1. 实践教学

实践教学是相对于理论教学的各种教学活动的总称,是在实验室或生产现场,根据实验、设计和生产任务要求,在教师指导下,通过学做结合,以学生自我学习和操作为主,从而使学生获得感性知识和技能,提高综合实践能力的一种教学形式。比较常用的实践教学形式主要有参观访问、实地调查、实验活动、实训教学、生产性实训、毕业设计等。

实践教学在整个教学体系中具有极为重要的地位,是应用型人才培养不可忽视的环节,实践教学效果直接影响着整个高等教育人才培养质量。

2. 实践教学体系

体系是由若干有关事物相互联系、相互制约而构成的整体,组成体系的若干个事物在本质上具有内在联系。实践教学体系是由与实践教学活动有关的要素构成的有机联系系统。它一般包含实践教学活动的目标、环节、管理等要素。

实践教学体系的含义分为两大类,有广义和狭义之分。广义的实践教学体系是由实践教学目标、内容环节、管理和系统的评价保障等几个方面构成的。而狭义的实践教学体系则是指其教学的内容体系,是指根据人才培养目标,在制定教学计划的时候,采用合理的课程设置和教学实践(实验、实践、培训、课程设计、毕业论文设置、创新发明、社会实践等),建立起与理论教学体系相辅相成的教学内容体系。

实践教学体系具有以下特点:

①实践教学与理论教学深度融合,在应用型人才培养中承担更重要的地位。

②实践教学更加贴近社会、贴近实际。主要体现在:

第一,实践教学是配合职业资格准入制度的推行。

第二,实践教学体系制定的主体由以学校为主导转变为以学校和相关企业、行业为主导。

第三,实践教学教师来源社会化。

第四,实践教学是实现校企合一、校企深度合作等多种模式的方式。

③实践教学注重对学生实践能力的培养。实践能力贯穿于学生的工作与生活,能够促进学生的知识储备、学习能力和工作技能的提升,是学生在未来岗位和终身学习的核心能力。

④实践教学的形式复杂多样。由于教学形式、教学目标以及评价考核标准的不断改进,实践教学的形式将更加灵活多样,涉及的因素将更加复杂。

(二)实践教学体系构成要素

实践教学体系包含实践教学目标、实践教学内容、实践教学管理、实践教学保障、实践教学评价等基本要素。这些要素不是相互孤立的,而是相互联系,共同保障了实践教学体系的运行。

1. 实践教学目标

实践教学目标是各构成要素的核心,是实践教学应该达到的标准,是一切实践教学活动的出发点和归宿。它决定着实践教学内容、管理、保障、评价体系的结构和功能,在一定程度上决定着其他体系的有效运行。

实践教学目标与理论教学目标的主要区别在于它将教学融合到应用领域的过程中,锻炼和提高了学生的专业理解、应用、执行的能力和素质。实践教学体系培养目标是依据一定的教学理论,本专业的特色,需要掌握的专业技能,以就业为导向,以服务为宗旨,主动适应形势的发展,深化教学改革。

2. 实践教学内容

实践教学内容为实践教学目标服务,是实践教学的中心环节。合理的实践教学内容不仅有利于学生掌握扎实的基本知识与技能,而且有利于学生综合素质的提升。

实践教学内容的选择要遵循职业能力的形成规律,符合专业特点,符合教学规律,同时与理论课程相对接。具体的实践教学内容可以包括三大方面:

一是实训教学,包括实验、实训、科研训练。

二是实践教学,包括社会调研、实习、社会实践。

三是创新教学,包括学科竞赛、创业创业项目、学年论文、毕业设计论文。

3. 实践教学管理

实践教学比理论教学的投入大,实施复杂,教学过程也较难把握。实践教学管理是一个综合性很强的系统工程。有效的实践教学管理可以使人、财、物的潜能得到充分发挥,提高运作效率,进而提高实践教学的水平。

实践教学管理体系包含:实践教学管理机构、实践教学管理制度及规范、实践教学质量监控等等。主管实践教学的领导和职能部门负责统筹实验室的建设及实践教学工作的开展。同时需要教务、人事、财务、后勤等相关部门密切配合。同时,为使实践教学管理有章可循,应建立健全实践教学制度及规范,根据实践教学内容的不同需要制定关于实习、实验、实训等规章制度,同时制定实践教学大纲及实践教学指导书等配套文件。

4. 实践教学保障

实践教学的开展需要必备的保障,主要包括政策及制度保障,实训基地、设施、资金保障及师资队伍保障等。

(1)政策及制度保障

实践教学政策及制度对实践教学起到保障和引导的作用。完善的配套实践教学制度体系主要包括:实践教学的管理体制,实践教学的考核和教学效果评价制度等等。

(2)实训基地、设施、资金保障

实训基地是学生提升专业技能的主要场所,为学生提供实践的机会和平台,通过创造良好的环境激发学生学习的积极性和操作热情。

实训基地主要分为三种:实验室、校内实训基地和校外实习基地。实验室是基础,校内实训基地是拓展,校外实习基地是综合。应该统筹规划,促进实验室、校内实训基地和校外实习基地协同发展。

(3)师资保障

教师在实践教学中处于主导地位,实践教学师资的素质和水平对深化实践教学改革、提高实践教学质量起决定作用,教师的实践能力直接关系到学生实践能力形成效果。

实践教学的教师不仅要有较高的专业基础知识储备,较强的教育教学能力,还要有较高的实践技术水平以及良好的职业道德素养。也就是说,实践教学工作需要既精通理论知识又熟练操作技能的"双师型"教师。

目前从事实践教学的教师通常包括三类人员,第一类是理论教师中具有较强实践能力、能够承担实践教学指导的理论实践双肩挑教师,第二类是校内专职实践指导教师,第三类是校外企事业单位兼职教师。

5. 实践教学评价

教学评价具有导向、改进和激励的功能。实践教学评价体系可以对教学目标实施进行导向,促进教师教学方法和学生学习方法的改进,激励实践教学效果完成。实践教学评价要素包含评价标准、评价主体和评价方法。

评价的主体有学校、用人单位、教师以及学生。通过有效的评价可以督促教师积极探索实践教学的方法,提高实践教学的质量,可以使学生重视实践,调动其学习的积极性。

评价方法多种多样,不同的实践课程采取的评价方法不同。

课程类实践考核可采取闭卷考试、开卷考试、口试答辩、动手操作、作业或论文等多种方法。

集中性实践教学环节考核可采取现场汇报、团队合作考试、小组调查报告、案例剖析、情景模拟等方法进行。

课程设计与毕业设计(论文)的成果可采取小组或个人答辩等方式进行。

实验课的过程性评价可以包括实验预习、实验过程操作、实验结果与报告、课堂考勤等。

实习的过程性评价内容可以包括考勤、工作态度、工作能力和工作效果等。终结性评价可以通过考评期末考试试卷,实习或实验报告等方式获得。

总之,根据实践教学活动的不同,从实验、实践、实习,毕业论文等多个方面建立评价指标体系。根据评价对象的不同,从教师、学生的不同主体出发,建立适合的评价指标体系。评价标准的设置主要根据职业资格标准,围绕应用型人才培养目标,突出培养学生的动手能力、创新素养。

(三)实践教学体系在人才培养中的重要作用

实践教学在我国本科人才培养中有着十分重要的地位,实践教学让学生加深对理论知识的理解,锻炼学生的实际操作能力,从而培养学生的创新意识和能力。实践教学可以最大限度地满足并实现各行各业对培养具有全面素质、创新精神以及实践能力的应用型人才要求。实践教学在人才培养过程中扮演着重要角色,具体表现如下:

1. 实践教学直接影响教学目标能否实现

实践教学体系的设置能够反映出应用型本科教育的内涵,与其他层次本科教育(学术性本科)不同。理论教学是知识传授的必要环节,而实践教学作为应用型人才教育内涵特征的关键所在,影响到应用型人才培养目标是否能够实现。

2. 培养学生创新能力的关键环节是实践教学

实践教学的功能使其在培养学生创新能力的过程中具有无可替代的作用。不培养学生的实践能力,是不可能发展创新能力的。创新能力发展的基础是对实践能力的培养,而实践教学就是培养和形成实践能力的有效方式。

3. 实践教学是把理论知识过渡到实践能力的桥梁

学习的最终目的不仅仅限于求知,也在于致用,也就是具有能够将书本知识运用到实践生活中的能力。实践教学可以最大限度地挖掘学生的潜能,培养学生灵活运用知识和投身社会实践的能力,为学生进入适应社会生活创造必要条件。

4. 实践教学有利于培养学生的综合素质

实践教学使学生在实际工作中发挥能力,融入社会生活,逐步由学生身份向社会人转换。实践教学注重对学生的能力培养,不断优化学生的知识结构,加强实践教学,能够提高学生的综合能力。

二、实践教学体系建设存在的主要问题

我国应用型本科院校实践教学体系多存在目标不清晰,内容不系统,过程缺乏企业参与,教师队伍结构不合理,评价体系尚未建立,教学形式单一等问题。

(一)目标不清晰

受"重理论、轻实践"观念的影响,有些实践教学目标重在传授知识,轻视解决问题能力。教学目标的设定不是为了培养实践能力,而是为了加深对理论的理解。或只是注重学生技能的发展,而忽视了创新能力的培养。部分高校对于实践教学的理解仅仅停留在表面,实践教学目标的设定与用人单位对人才的需求不符,无法联系社会实际,与当下的技术发展不相适应。实践能力定位不够准确明晰,缺乏系统的分析。

(二)内容不系统

应用型本科院校在实践教学的内容方面存在一些问题,主要表现在以下几个方面:①实践教学学时偏低。大部分高校人才培养方案中的实践教学环节都是围绕专业基础知识和理论教学来进行。实践课程设置比重偏低,实践学时一般仅占总学时的10%—20%。即使增加了实践课时,很多也形同虚设。②实践教学活动之间相互独立。很多院校实践教学活动覆盖面广,但是实践教学活动之间相互独立,脱离"层层递进、逐层拔高"的设计思想,以至于对单独的实践教学活动有概念有纲领,但从整体来看思路不清晰,相互之间联系不够。③部分专业的实践教学难度不适宜,部分专业的实验项目仅仅停留在演示性和验证性的层面上,缺少综合性和研究性的实验,对学生的实践能力提高有限。

(三)过程缺乏企业参与

高校越来越重视校企合作,但由于受到资金投入、利益、人员安排等因素的影响,大部分校企合作仅停留在签署校企合作协议上,而少有实质性的推进。没有企业的深度参与,企业工程师、企业项目难以被引入实践教学。在这一境况下,高校的实践内容主要来源于教材上或教师自己设计的项目,加上一些实践指导教师本身并没有工程实践背景,使得实践教学内容与行业需求脱节比较严重,学生也得不到系统的实践锻炼。

(四)教师队伍结构不合理

实践教师队伍主要由专职的理论课教师、实验教师、实验室管理人员以及外聘教师组成。虽然基本可以达到教学的要求,但达不到实践教学效果。实践教学师资队伍现有的教师在职称、学历、年龄结构上也存在不合理方面。首先,担任实践教学的教师以青年教师为主,这批青年教师除了承担实践教学任务外,还承担着比较大的理论教学任务;其次,有实践经验的教师偏少,多数青年教师都是从学校毕业后直接应聘进来,缺乏实践经验。

(五)评价体系尚未建立

实践教学评价体系未建立,评价标准缺乏,评价形式单一。多数以学生考勤、实验报告等为主,缺少对学生创新能力、思考能力等内容的考核。多以终结性评价为主,缺少过程性评价,通过一份试卷、一个报告来评定成绩,缺乏有效性。评价过程不规范,随意性大。

应用型本科院校在积极探索实践教学体系的建设,但建设的过程中存在实践教学目标不够明确，实践教学内容不够丰富，实践教学方法不灵活，实践教学管理不到位，实践教学保障体系不够完整，实践教学评价不合理等问题。只有真正解决了这些主要问题，才能建立科学的实践教学体系。

(六)教学形式单一

高校实践教学主要以第一课堂为主，基于第一课堂进行知识验证。虽然很多高校也开展第二课堂实践教学活动，但长期以来，由于观念落后，许多高校对于第二课堂的价值、特点认识不足，致使第二课堂边缘化较严重，没有起到应有的育人功能。而且，高校开展的第二课堂实践活动辐射面较窄，主要吸收一些优秀学生参与，大部分学生难以通过第二课堂实践活动得到锻炼。

三、国内外实践教学体系主要模式及经验启示

(一)主要模式

目前世界上比较典型的实践教学模式主要有德国的(FH)的"企业主导型"，加拿大的"能力本位型"，英国的"资格推动型"和我国香港的"工业训练中心型"等为代表的实践教学模式。

1.德国 FH"企业主导型"的实践教学模式

FH 是德国应用科技大学(Fachhochshule)的简称，按照 1968 年组建 FH 时的协定："FH 对学生进行的是建立在传统理论知识基础之上的教育，最后使学生通过国家规定的毕业考试，具备独立的职业活动的能力。"该校所培养出的学生不一定要求掌握高深的理论知识，但通过对基础理论知识的学习和充分的职业训练，要让其成为在某一个领域中拥有独立从事职业活动能力的人才。为

达到该培养目标，FH十分重视实践教学。企业在教学过程中拥有主导地位是该实践教学模式的主要特点。

德国的FH实践教学模式和企业联系十分密切，企业在实践教学中拥有重要的地位，实践教学经费主要来自企业，企业主导整个实践教学过程。在入学前FH的新生有大约6个月的企业内预实习，积累实践经验，获取感性认识，为后续的理论学习打下基础。在进入FH主体学习阶段后，学校会安排完整的2个学期在与毕业后所从事的职业相关联的企业或管理部门实习，这是FH实践教学模式最具特色之处。该过程主要是由企业负责组织实施。第一个实习的学期被安排在入校后第3个学期。其目的是让学生在掌握了一定理论知识的基础上，提高实践能力，熟悉将来要从事的工作。第7个或者第8学期学生将被安排进行第2次实习。学生通常是被安排到与其专业相关的企业进行顶岗实习。学校会要求学生一边实习一边将实习所得经验和毕业设计联系起来。在学生顶岗实习的过程中，学生会帮助企业解决在实际工作中的遇见的各种问题。顶岗实习完毕后，企业对学生实习情况做出考核以及评价。企业相关负责学生实训的工作人员出示一份实训、实习工作鉴定。学生在实习完毕后，将获得一份来自企业的非常细致的实习报告。

学校也非常重视理论课与企业密切关联。学生所接触的理论课的内容大多是企业实际案例，强调实践性和实用性。校内的实训课也大多采用跨学科方式，提倡以多种方法来解决企业实际问题。在专业课教学过程中，聘请的来自企业的兼职教师更常采用"项目教学法"。

在FH与企业合作的过程中，政府会通过各种学校和学校企业相关的法律来规定企业、学校、个人在共同执行实践教学方面的具体责任和义务，让产学之间的相互合作制度化，为FH实践教育模式的顺利开展提供保障。学校高度地重视对学生的实际动手能力以及解决问题的能力的培养。与此同时企业可以把FH学生无偿提供的实习作为企业行为来对待，对此，政府在法律上也给予了一定的支持。

2. 加拿大"能力本位型"的实践教学模式

加拿大所实行的CBE(Competency Based Education)是目前国际上一类较

为流行的实践教学模式。该模式以能力为本位,以胜任岗位要求为出发点,围绕学生将来所从事职业需要的知识、技能来设置所学习的课程,制定课程计划、实施教学管理,决定采用的教学方法、步骤、内容和考核方式,进而保证学生具备该职业的实践能力,将理论与实践结合在一起。

CBE 实践教学模式可以分为四个阶段,即依次是职业分析形成的 DACUM 图表,学习包的开发,实践教学的实施和管理,实践教学的评价。其核心是职业分析所形成的 DACUM 图表。按照 DACUM 的方式来安排实践教学一般按照以下顺序来进行:

①确定 DACUM 研究委员会的成员。按照该委员会所定的标准,针对所分析的职业对象,从行业中选出十到十二位该领域的优秀人员、专家成为该委员会的成员,组成 DACUM 研究委员会;

②编制和采用 DACUM 表。该表格的内容一般包括任务名称、任务涉及的领域、单项任务以及任务完成的评定标准。委员们会采用"头脑风暴法"和 DACUM 表,分析得出对应工作岗位所需要的工作任务模块。然后分析出其所需具备的知识、能力以及态度;

③工作任务的描述。采取"动词加对象"的动宾词组的方式来进行描述,一般为 8 到 10 个字;

④DACUM 以"实践能力中心"为指导思想,由该领域的教育专家根据 DACUM 表来编制教学单元。教学单元的编排可按知识和技能内部存在的联系来编排。一般由若干个相关的单元组成一门课程。这些课程可确定为核心课程、专业课程、预备课程等,再按不同课程间的相互联系形成教学计划;

⑤确定出有效的教学方法和评价模式。DACUM 实践教学模式是一种比较规范细致的方法,整个过程都努力保证职业能力在实践教学过程中得到实现。

3. 英国"资格推动型"实践教学模式

英国的职业教育主要是依托着证书制度而开展的,因而它的实践教学体系也依托职业资格证书而开展。当今英国已经建立了以 NVQ 和 GNVQ 为代表的职业资格证书,前者是指国家职业资格证书,该证书按照国家相关部门制定的职业技能担任某一职位所需具备的资格标准,通过国家专门考核机构,对申请者的职业能力进行科学规范衡量和鉴定,对通过鉴定者颁发在国内通用的职业资格证书。后者是指国家通用职业资格证书,英国的各种证书之间还建立了一定的互换关系。

英国依托资格证书而形成的实践教学模式具备以下的特点:一是以能力为基础。国家职业资格证书是一种对胜任某类工种的能力的资格认定。该职业资格证书计划有以下特点:首先,认证一般由主要职能、能力单元和实践操作上的规范等构成。其次,该职业资格认证强调在做中学,高校在开展实践教学环节时也必需要满足这一要求;另外,建立了以实际工作的效果来衡量学生成绩的考核制度。

4. 香港"工业训练中心型"实践教学模式

20 世纪 70 年代,香港工业化迅速发展,急需很多有实践能力的人才投身到工业界。为确保学生在校期间有机会和工业企业接触,积累一定的实践经验,香港理工大学建立了工业中心。该中心的建设主要是为大学生的工业实践提供一个接近真实的工作环境。该模拟工厂不同于普通的实验室,也和仅仅进行工业技能训练的实习场所不一样。该工业环境在设备的配置和布置,管理方式的运作方面都确保模拟真实的生产环境。

不仅如此,在执行实践操作技术标准方面也很严格。该中心在执行安全法规等方面都基本接近了现实生活中的工厂。该中心会根据不同院系的不同需要以及当时科学发展的状态,认真地编写一套实践训练课程。每个课程都会有对应的一个编号。同时会附带一个介绍课程训练内容的大纲。

该训练中心的教学过程分为两个阶段。第一阶段是基本训练,该阶段主要是让学生学习基础技术,感受各种基本操作,学会正确使用和爱护机器设备,了解制作工作程序等。最后完成指导老师布置的一项任务。第二阶段是专题培训。在这个阶段,学生进行自由组合,选择一个专题去合作完成。小组成员模拟公司的组成,每个人扮演不同的角色。在合作完成专题任务后,小组成员各自完成一篇专题报告。学员当众演讲和答辩。这种专题训练通过团队成员之间的相互合作来完成真实情境中的工业项目,可以提高学生解决实际问题的能力,培养他们的团队精神及组织协调能力。项目课题主要有三类。第一类是工业界委托给学校的项目。第二类是工业中心自发提出的开发项目。在这一阶段,学生可以在学习生活中发现问题,并力图解决问题,从而可以提出需要开发的项目,形成第三类课题。

由此可见工业训练不是指某一门课程的某个实践性环节。它是一个具有一定综合性的模拟真实环境的实践训练。工业训练着眼于提高学生的实践动手能力。目标不仅仅是让学生学会一些工业操作,还要提高学生解决实际问题的能力和组织协调能力。

(二)经验启示

以上四种实践教学模式为我国应用型本科院校的实践教学体系的建设提供了以下启示。

1. 产学合作

培养应用型人才为主的应用型本科院校应努力寻求学校和企业共同合作的实践育人模式。利用学校在技术、人才、师资、设备等多方面教学资源,建立与企业之间有效的合作机制。开展联合办学的方式。实行"请进来,走出去"的方式。邀请各行各业的成功企业家和工程师来高校上课。也可以根据需要安排学生到工厂、企业、社区进行学习。

2. 建立科学的评价标准

我国在实践教学体系的考核与评价方面,要设计一套既有可操作性又具有科学性的评价标准。对实践教学体系的内容、方法和评价起到引导与和规范的作用。

四、港口物流管理专业实践教学体系建设

港口物流是以港口作为物流的中心节点,利用先进的信息技术和物流装备,整合传统运输、仓储、装卸、搬运、包装、流通加工、配送、转运、报关、联检、金融服务、信息处理及增值服务以及相关配套服务等物流环节,为用户提供多功能、无缝连接一体化的综合物流服务或物流解决方案的过程。

由于港口物流具有系统性、流程性、操作性等特点,港口物流专业的教学既要注重理论的传授,更需要加强港口物流流程、操作能力、系统规划能力的培养。

(一)港口物流管理专业培养目标与能力要求

1. 培养目标

港口物流专业培养具有扎实的现代物流管理知识、较高的英语水平和物流信息技术应用能力,系统地掌握港口物流、国际物流与供应链管理理论,熟悉国内外先进物流技术与技能、物流相关法律法规,能够从事港口物流、国际物流、货运代理、仓储与配送、现代物流组织与规划、物流系统规划设计等物流业务及外贸进出境报关与报检相关工作的应用开发型高级物流管理专门人才。

2. 能力要求

根据港口物流人才的培养目标,港口物流人才培养的能力分为基本能力、核心能力和其他能力。基本能力包括学习能力、交流协作能力、思辨能力、创新能力;核心能力包括港口物流运作管理能力、物流系统规划设计能力;其他能力包括外语应用能力、计算机知识、组织协调能力、应岗能力等。港口物流人才的能力要求不仅需要通过相关教学课程以及实验课程直接培养,更需要通过更全

面的实践教学体系进行系统培养和训练。

(二)港口物流管理专业实践教学体系的构建

港口物流管理专业实践教学体系的构建是遵循"知行合一"的理念,根据港口物流产业链中岗位能力要求,结合应用型人才的培养目标,确定专业实践教学体系的主要内容,合理安排各实践环节的时间点,制定实践教学的具体实施方案,基本思路如图 10-1 所示。

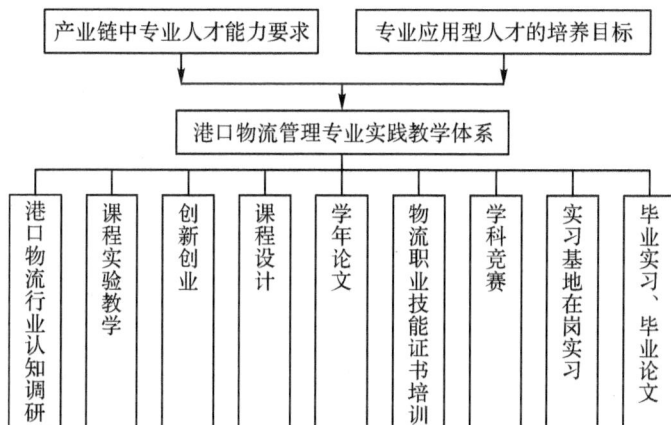

图 10-1　港口物流管理专业实践教学体系

港口物流管理专业实践教学体系主要包括港口物流行业认知调研、课程实验、课程设计、学年论文、实习基地在岗实习、毕业论文等。

实践环节贯穿整个大学教学环节中,每个实践环节的作用是不同的。其中,港口物流行业参观与调研是通过资料搜集、港口企业参观、社会调研等内容,对港口物流专业感性认识的体验性实践环节;课程实验教学对所学各专业课程的基本理论知识有重点、有针对性地单项地进行的实验;案例和企业视频录像教学是对理论教学的补充,是学生在课堂接触最多的实践教学环节;课程设计是学完相关几门专业课程后在实验室进行的综合性设计或实践;学年论文是培养和提高学生的研究水平,为毕业论文打基础的实践环节;实习基地在岗实习校外实习基地为学生提供实战机会的实践环节;毕业实习、毕业论文是学生综合运用物流管理理论、方法和技术的实践教学环节。通过以上各教学环节的实施，分别强化了学生的各种应用技能和实践能力，从而形成了较系统、完整的实践教学过程。

(三)港口物流管理专业实践教学体系的实践

港口物流行业参观与调研主要包括社会实践调查实习和港口行业参观、物流企业参观、相关专题讲座等。通过港口物流参观、现状调查以及相关专题讲座等方式让学生对港口物流专业有较全面的理解和感性认识，从而激发学生的学习兴趣。

课程实验教学环节是对所学各专业课程的基本理论知识有重点、有针对性地单项地进行的实验。宁波工程学院港口物流专业开设的课程，如"国际货运代理""港口物流管理""供应链管理""物流信息技术""物流信息系统""仓储管理"等课程制定实验项目，并编写相应的实验指导书，任课教师讲解到这部分内容时，可以在物流实验室指导学生利用相关物流软件进行实验或安排学生在课外进行验证性实验。课程实验教学主要在宁波工程学院的港口物流实验室、仓储配送实验室、RFID、条码实验室进行实验。

物流案例教学是运用与所学课程理论相近的案例，在教师的指导下，结合理论知识对案例进行分析、研究、讨论，对案例做出判断和决策，以提高学生思考能力、分析和解决问题的能力。在教学过程中，核心课程与专业基础课，每章必须有引导案例。

课程设计的教学目的是锻炼学生综合运用所学相关课程的基本知识来发现问题、分析问题和解决问题的能力，强化物流系统观念，培养物流系统规划能力。主要有港口物流管理、物流系统规划与设计、物流信息系统等课程设计。

学年论文是培养和提高学生的研究水平，为毕业论文打基础的实践环节。学年论文开设 2 个学期，第一次学年论文要求学生撰写文献综述，第二次学年论文是在导师的指导下，进行选题，撰写小论文，并鼓励学生公开发表。

物流软件仿真主要利用信息化实验室进行综合性模拟实验，加深学生对港口物流企业实际运作的理解。物流实验室拥有多套模拟实验系统,包括国际货代系统、报关系统、港口管理系统、第三方物流模拟系统、仓储管理系统、运输管理系统等。在物流企业模拟实验中,让学生在短期内集中进行实验。学生可通过角色转换完成所有信息系统的模拟,理解各角色的工作;也可以分角色合作模拟实际企业的运作,了解物流企业运作中各角色间是如何协作完成的。

为了让学生深入到社会了解实际企业的操作,宁波工程学院与宁波港集团、大榭码头、货代公司、船公司、物流公司等港口相关企业签订了实践教学实习基地。建立教学实践基地不但促进了企业、高校和大学生的相互交流,而且让学生实地参与物流现场操作,培养学生的实战能力,丰富了学生的实践教学内容,还有利于用人单位借助这个平台了解、考察学生,从中挑选自己满意的物流人才。每年暑假,宁波工程学院会挑选部分优秀的学生去这些实习基地进行实习。

毕业论文是实践教学的最后环节,它是综合考察学生运用所学知识分析问题、解决问题以及动手操作能力的一个重要手段;是学生运用在校学习的基本知识和基础理论,去分析、解决一两个实际问题的实践过程;也是学生在校学习期间学习成果的综合性总结。撰写毕业论文对于培养学生初步的科学研究能力,提高其综合运用所学知识分析问题、解决问题能力有着重要意义。

除了以上的实践教学环节,宁波工程学院也鼓励学生参加各类物流竞赛,例如全国大学生物流设计大赛、电子商务设计大赛等。这可以培养和提高学生的研究水平和动手能力,激发学生创造能力。同时,也鼓励学生课外报考各种物流相关证书,例如报关员资格证、报检员资格证、国际货代上岗证、单证员证书、国家助理物流师证书等,这可以提高学生的就业竞争力。

港口物流管理专业实践教学体系建设是一项复杂的系统工程,由于港口物流管理专业在我国的建设时间不长,还有许多问题有待于进一步研究。各高校要根据自身专业建设定位和培养目标,借助自身资源,合理确定实践教学内容,协调各个实践环节,探索具有自身特色的港口物流管理专业实践教学体系。

参考文献：

［1］白雪.应用型本科院校实践教学体系建设研究［D］.大庆：东北石油大学，2017.

［2］刘晶.新建地方本科院校实践教学体系研究［D］.南昌：江西师范大学，2012.

［3］邵万清，王任祥.构建港口物流管理专业实践教学体系［J］，中国物流与采购，2010(10)：70－71.

［4］刘阳，谭珺隽，王传林，等.试点学校框架下应用型人才培养实践教学体系的构建［J］.实验技术与管理，2016(5)：28－31.

［5］张其亮，周瑜，卢冶.“三位一体”层次化实践教学体系构建与实施［J］.实验技术与管理，2019(1)：33－36.

［6］李曼.应用技术型专业实践教学体系的构建［J］.实验技术与管理，2019(5)：221－224.

（本案例由原作者宁波工程学院邵万清副教授提供）

校企合作篇

校企合作培养物流应用型人才
模式的调查与研究

引言

本案例来源于《中国物流与采购》,2009 年 4 月,第 7 期。

通过对浙江省物流人才供需方的调查,证明校企合作是培养物流人才必要的途径;通过我国物流人才培养的现状及国内外高等教育发展要求分析,认为校企合作培养物流人才的模式是可行的,且是符合高等教育的必然规律;最后提出了校企合作培养物流人才的实施策略和有效模式。

该案例成果为宁波工程学院物流类专业建立校企合作机制和校外专业实践教学基地奠定了基础。

高等学校、科研院所与企业的合作,推进产学研的结合是实施"科教兴国"战略中一个重要的内容。高等学校是人才培养和知识创新的主力军,企业是经济的细胞和技术创新的基地,两者的结合实质是知识和经济的结合。高等学校与企业合作是现代科技发展与经济增长的根本要求,是当今世界高等教育发展的总趋势。现代物流业在我国是新型的支柱性产业,物流人才特别是应用型人才相对匮乏,人才的培养既具有紧迫性又具有挑战性,因此,关于现代物流应用型人才培养模式的研究有着显著的现实意义。笔者在浙江省教育厅教改项目资助下,组织课题组对高校如何跟企业合作培养出优秀的职业人才进行了调查研究,本案例是该项研究的部分成果。

一、从浙江省物流人才供需方的调查看校企合作培养应用型人才的必要性

本调查共调查需求物流人才的单位 336 家,物流专业学生 2760 名。需求企业中,机关事业单位占 1.79％,国有企业占 5.06％,三资企业占 8.04％,私营企业占 74.11％,其他类型占 11.01％。这些单位中,成立 5 年以内的占 42.86％,成立 5－10 年的占 37.50％,成立 10 年以上的占 19.64％。被调查的物流专业学生中,主要针对浙江省物流相关专业的本科和高职学生(定位为应用型人才),已毕业的 01 级、02 级和 03 级物流专业学生占到 58％,在读的物流专业学生占到 42％。这些学生中,毕业后希望从事本专业中高层管理的学生占到约 2/3,希望毕业后能创业的占到 23％。

1. 供需双方对校企合作的认识

通过对物流企业和学生两方的问卷调查和随机访问,得出以下结论:认为校企合作"很好,值得推广"的学生占 35.87％,超过了学生数的 1/3,认为校企合作"很好,值得推广"的企事业单位占总数的 51.49％,超过了一半。这说明,在校企合作的问题上,浙江省的企业比学生有更大的认同感,物流专业学生对校企合作认同度低主要因为校企合作不够深入,覆盖面不够广,导致他们对校企合作不够了解。这也说明浙江省的社会环境已较利于开展高校与企业间的合作。

2. 供需双方对社会实践的认识

根据反馈,认为"实践比理论知识还重要"的学生占到 54％,超过了一半,据此看法的企事业单位也占到了 50％;认为"不重要"的学生占总数的 2％,认为不重要的企业占 3％,这说明,无论是作为物流人才市场供给方的高校学生,还是作为需求方的企事业单位,都非常重视物流专业社会实践,这和物流产业实

践性强的特点是分不开的。

3. 供需双方对物流人才知识结构的认识

被调查物流专业学生对本专业应具备的知识结构的认识如表 11-1 所示：

被调查企事业单位对物流人才应具备知识结构的认识如表 11-2 所示：

表 11-1 "对应具备知识结构的认识"调查结果汇总表（对学生的调查）

重要度	1. 企业管理的基本知识	2. 经济学基础知识	3. 仓储、搬运装卸和流通加工技术	4. 包装技术	5. 物流信息技术	6. 运输、配送知识	7. 外贸知识	8. 报关报检知识	9. 专业英语知识	10. 计算机知识
9	27.9%	22.1%	23.9%	15.2%	26.4%	25.0%	45.3%	45.3%	60.9%	38.4%
7	39.9%	36.6%	33.0%	31.2%	40.9%	42.4%	35.1%	29.3%	23.6%	30.8%
5	25.7%	25.4%	30.1%	33.0%	27.2%	23.9%	14.5%	19.6%	12.3%	25.0%
3	4.7%	12.3%	10.1%	13.8%	3.6%	7.2%	4.3%	4.3%	2.5%	4.7%
1	1.8%	3.3%	2.9%	6.5%	1.8%	1.4%	0.4%	1.1%	0.0%	0.4%
需要	100.0%	99.7%	100.0%	99.7%	99.9%	99.9%	99.6%	99.6%	99.3%	99.3%
0	0.0%	0.4%	0.0%	0.4%	0.0%	0.0%	0.4%	0.4%	0.7%	0.7%

备注：表中的重要度分"1""3""5""7""9"五个档次，分值越大，表明重要度越高，即 9 分表示最为重要；表中"0"表示不需要该种能力。因此，表中"需要"一栏为相应知识或能力的 5 级重要度的百分比之和。由于统计软件在分析过程中的"四舍五入"规则，可能会出现部分指标数据的列和不等于 100% 的情况。

表 11-2 "对应具备知识结构的认识"调查结果汇总表（对企事业单位的调查）

重要度	1. 企业管理的基本知识	2. 经济学基础知识	3. 仓储、搬运装卸和流通加工技术	4. 包装技术	5. 物流信息技术	6. 运输、配送知识	7. 外贸知识	8. 报关报检知识	9. 专业英语知识	10. 计算机知识
9	31.6%	24.4%	33.4%	18.7%	34.6%	34.3%	42.5%	38.6%	49.1%	38.3%
7	35.5%	35.2%	37.0%	34.3%	36.1%	38.0%	31.3%	34.6%	30.4%	34.6%
5	22.0%	25.6%	17.8%	26.5%	21.1%	19.0%	18.4%	19.3%	15.1%	19.0%
3	8.4%	9.6%	7.8%	8.7%	4.2%	5.1%	4.5%	4.5%	3.3%	4.8%
1	2.1%	3.3%	1.5%	6.0%	0.9%	1.5%	0.9%	0.9%	0.9%	0.9%
需要	99.6%	98.1%	97.5%	94.2%	96.9%	97.9%	97.6%	97.9%	98.8%	97.6%
0	0.3%	1.8%	2.4%	5.7%	3.0%	2.1%	2.4%	2.1%	1.2%	2.4%

备注：表中的重要度分"1""3""5""7""9"五个档次，分值越大，表明重要度越高，即 9 分表示最为重要。表中"0"表示不需要该种能力。因此，表中"需要"一栏为相应知识或能力的 5 级重要度的百分比之和。由于统计软件在分析过程中的"四舍五入"规则，可能会出现部分指标数据的列和不等于 100% 的情况。

　　综合分析上述两表,物流专业学生和物流企事业单位都对这十个方面的知识有很高的认同感,都认为外贸知识、报关报检知识和专业英语知识是最重要的知识这样的认识与浙江省的地理位置、经济发展特征有关,也说明这几块知识是学生和社会都重点需要的知识,而这几个方面知识也是和实践联系较为紧密的知识,没有与社会的紧密联系,没有一定的实践应用,这方面的知识是不能很好掌握的,从这个角度讲,校企合作能够给学好这些知识提供良好的平台。

4. 供需双方对于物流人才社会实践认识

　　被调查物流专业学生对本专业应进行的社会实践的认识如表 11-3 所示:

　　被调查企事业单位对物流人才应进行的社会实践的认识如表 11-4 所示:

表 11-3 "对应进行的社会实践的认识"调查结果汇总表（对学生的调查）

重要度	1. 社会环境认知实习	2. 物流企业认知实践	3. 物流场站、仓库认知实习	4. 物流设施设备认知实习	5. 物流系统运作模拟	6. 物流单证拟制填写实习	7. 物流业务操作实习	8. 驾驶实习
9	36.6%	35.9%	29.3%	28.3%	32.6%	41.3%	48.9%	22.1%
7	40.2%	38.0%	36.2%	38.0%	39.9%	36.2%	31.9%	37.7%
5	17.0%	19.2%	23.9%	22.8%	21.0%	16.7%	13.4%	30.4%
3	4.3%	5.8%	8.0%	8.3%	4.3%	4.3%	2.5%	6.9%
1	1.1%	0.4%	1.1%	1.1%	1.1%	0.7%	0.7%	1.4%
需要	99.2%	99.3%	98.5%	98.5%	98.9%	99.3%	97.4%	98.5%
0	0.7%	0.7%	1.4%	1.4%	1.1%	0.7%	2.5%	1.4%

备注:表中的重要度分"1""3""5""7""9"五个档次,分值越大,表明重要度越高,即 9 分表示最为重要;表中"0"表示不需要该种能力。因此,表中"需要"一栏为相应知识或能力的 5 级重要度的百分比之和。由于统计软件在分析过程中的"四舍五入"规则,可能会出现部分指标数据的列和不等于 100% 的情况。

表11-4"对应进行的社会实践的认识"调查结果汇总表(对企事业单位的调查)

重要度	1.社会环境认知实习	2.物流企业认知实践	3.物流场站、仓库认知实习	4.物流设施设备认知实习	5.物流系统运作模拟	6.物流单证拟制填写实习	7.物流业务操作实习	8.驾驶实习
9	35.2%	35.8%	31.0%	24.4%	33.4%	35.5%	49.4%	22.3%
7	37.3%	34.9%	33.7%	42.2%	36.7%	34.9%	31.3%	34.3%
5	21.1%	23.5%	23.2%	26.2%	22.3%	22.3%	13.6%	26.2%
3	4.5%	3.9%	9.0%	5.1%	4.5%	4.2%	4.2%	11.4%
1	0.9%	0.6%	0.6%	0.3%	1.2%	1.5%	0.3%	1.8%
需要	99.0%	98.7%	97.6%	98.2%	98.1%	98.4%	98.8%	96.0%
0	0.9%	1.2%	2.4%	1.8%	1.8%	1.5%	1.2%	3.9%

备注:表中的重要度分"1""3""5""7""9"五个档次,分值越大,表明重要度越高,即9分表示最为重要;表中"0"表示不需要该种能力。因此,表中"需要"一栏为相应知识或能力的5级重要度的百分比之和。由于统计软件在分析过程中的"四舍五入"规则,可能会出现部分指标数据的列和不等于100%的情况。

综合分析表 11-3 和表 11-4 的调查结果,物流专业学生和物流企事业单位都对这 8 个方面的社会实践有很高的认同感,认同的比例都在 96％以上,最高的达 99.3％。[①] 这八个方面的社会实践中,物流业务操作实习、物流单证拟制填写实习、物流企业认知实践和社会环境认知实习是供需双方认可程度都高的 4 个方面,而这 4 个方面的社会实践的开展,必须获得企事业单位的支持。

此项调查尽管是局部性的,但具有一定代表性。考虑到学生渴望得到实践机会的要求,企事业单位认同社会实践的呼声以及学校积极推进学生社会实践质量水平提高的需求,开展高校与企业间的合作是顺应社会发展之举,此举对于学校、学生、企业都有现实的、积极的意义。

学校是理论教学基地,企业是实践培训场所,学校和企业是校企合作教育的两个基本要素,前者是后者的理论前提,后者是前者的必然实践。校企合作是教育部门与产业部门之间的有机结合,这种结合是在社会分工日益精细和现代化大生产基础上的结合,是建立在双方内在需要的基础上的结合,是一种双向主动参与的结合。它既遵循了教育自身发展的规律,也遵循了生产活动的经济发展规律,其实质是使高等教育与社会、生产融为一体,形成相互依存、相互促进、优势互补、密不可分的有机整体。校企合作贯彻了教育与生产劳动相结合的方针,从而有利于人的发展,有利于人的素质的提高。

二、我国校企合作培养物流人才的可行性

1. 我国物流人才培养存在的问题

目前我国物流人才的培养尚未形成以物流科技创新为核心的物流人才培养体系。无论是从高校培养的物流专业毕业生还是从社会人员的物流专业培训来看,物流人才培养的质和量都较实际需求低。这两方面的物流人才培养存

---

① 问卷设计中先将调查结果分为"需要"和"不需要"两种情况,"不需要"对应"0"分,文中认为的"需要"相应知识或能力的百分分比为 5 级重要度百分比之和。

在的问题具体表现如下：

（1）高校物流类专业学生教育存在的问题

其一，培养目标不明确。目前我国许多高校在物流人才培养方面普遍存在着培养方向定位不够合理的现象。很多学校"物流管理"和"物流工程"这两大学科的课程体系设置没有区别开来，致使学生也没有明确的学习目标和就业导向。

其二，专业设置不当。由于受我国物流业管理体制条块分割的限制，物流业的发展在行政上要受到交通部、铁道部、劳动与社会保障部等多部门政策的影响，我国现有的物流专业大多是由原来铁路、公路、水运、航空及物资等相关专业转化而来，这导致物流专业的设置方向有所偏向，学生过于强调原专业方向和本部门的局部利益，违背了物流系统总体最优化的原则，不利于学生物流系统观念的形成。

其三，教学内容及课程设置不当。虽然部分高校也引进了一些国外物流学的最新理论和实践经验，但教材的更新速度较慢，不能与我国实际相结合；课程设置以专业理论课为主，而实训实践环节明显不足。这使得教学与社会实际脱节，在校期间所学知识与岗位知识需求存在较大差距，无法达到物流专业人才培养规格的应有层次。

其四，实践教学设施相对落后。从硬件上看，能花费数百万甚至千万资金购买或建设一整套物流设施或操作设备的高校较少，因此很多学校的实践教学不得不在这样那样的限制条件下从简或取消。现在市场上也有出售物流相关的各种教学模拟软件，但也都价格不菲，并且实际应用中往往还存在很多问题，如生产企业、流通企业和其他商业企业在运输、仓储、配送的软件功能整合上往往不能相互嵌套。实践教学硬件和软件的缺乏导致学校的实验、实训远远不能满足实践性教学环节的需要，学生基本的专业技能训练得不到保证，实际岗位能力得不到培养，对相关领域的新技术、新工艺更是知之甚少；这也使得学生缺乏对基层工作性质的了解，毕业后不能适应新的工作岗位，造成了物流企业与物流人才培养单位之间的严重错位。一方面是需要大批掌握新知识、新技术，具有熟练技能的物流人才，而另一方面则是大规模的物流人才的"结构性失业"。

其五,师资力量相对薄弱。由于我国开展现代物流教育的时间较短,目前还没有形成一支以知识型物流人才培养为核心的教师队伍,特别是高层次物流教学人员和具有实际经验的物流教学人员缺乏。根据调查,浙江省现有大部分物流专业教师主要是交通运输、运输管理、经济学、管理学等专业毕业的,缺乏必要的物流基础理论,在进行物流新理论的研究与教学方面也存在一些问题。另外一个较为严重的问题是,几乎大部分新进教师都是从学校毕业即走上讲台授课的年轻教师,理论知识丰富,但严重缺乏物流管理和实际操作经验。因而加强博士生、硕士生、本科生及高职生的培养,创建知识型物流人才为核心的物流人才培育体系已成了许多大学物流学科建设的主要方向。

(2)社会人员的物流专业培训存在的问题

其一,培训部门众多,管理混乱,质量参差不齐。物流人才的缺乏使得大量物流培训纷纷涌现,主管部门涉及交通部门、电信部门、劳动与社会保障部门、物资部门、物流仓储协会,等等,培训机构数量众多,其中混杂着大量不合格培训机构,而主管部门监管难度又比较大。培训机构大多以营利为目的,培训时间太短,培训过程又疏于监管,资格证书发放太滥,学员学习效果不好。

其二,培训内容不合理,脱离实践。由于物流产业是跨行业、跨部门的复合型产业,物流学科也是一门综合性学科,因此物流人才应是具备扎实的基础知识和实际操作能力的综合型人才。社会人员的物流专业培训质量很大程度上取决于培训机构的内容设置,而当前各种因素的影响使得培训机构多从盈利的角度出发,可能聘请的是一些不合格的教员授课,或者会删减一些应有的实践教学环节以节约成本。这样培训的质量会大打折扣,培训的结果是既没有学到过硬的专业基础知识,又没有实践操作经验的提升,只是拿到一张证书。

由于物流活动涉及国民生产的各个行业和部门,所以对物流人才的知识面要求是较为全面的、动态的。因此,日益变革的社会发展对高等学校物流专业传统的人才培养模式提出了更高的要求,改革势在必行,而校企合作培养物流人才无疑是最佳途径和方法。如何通过各种形式的校企合作,使物流教学更好更快与社会实际需求相结合,是目前我省各高校在办学过程中都应认真思考的问题。

2. 校企合作能够解决的问题

上文我们分析了我国当前物流教育存在的一些问题和解决思路,通过校企合作,实行优势互补,形成良性互动,获得校企双赢,对于解决上述问题,有如下一些作用:

(1)校企合作可帮助高校制定科学的人才培养目标

长期以来高校的物流教学过程乃至教学计划和培养目标的制定,仅靠学校的教师完成。由于教师实践能力的薄弱,培养的物流人才存在能考高分不能胜任工作岗位或者只能从业不能创业等问题。因而,走校企合作之路,依据企业为学校在专业设置、教学内容、招生层次、招生数量、知识要求等方面提供的准确信息,针对包括研究生、本科生及专科生等在内的不同层次的人才提出的不同要求,制定相应的教学计划、培养目标,利于构建培养创新型物流人才的有效机制,提高人才供求的针对性、实用性和科学性。

(2)校企合作可帮助高校构建合理的学科及课程体系

物流学是由管理学、经济学、工学和理学等相互交叉而形成的新兴学科。因此各个院校在构建学科体系时,可依据企业需要综合学校实情发挥其比较优势进行合理构建。在物流教育相对发达的美国和日本,物流分为物流工程和物流管理两个类别,而每一个类别下的课程设置又依据学校特点和学生培养目标有所侧重。我国的各高校也应根据实际需要和学校实际能力构建相应的学科体系。如交通学院或其他理工类学院设置物流课程可侧重物流工程,经管类院校则偏重物流管理。在物流课程体系的配置过程中,企业界的意见和建议应成为应用型高校课程设置的指导。

(3)校企合作可缓解高校实践教学设施落后的局面

物流是一门实践性很强的学科,高校开设物流课程除了理论研究外,应注重知识的应用和实践。但是,我国大多数高校开设物流专业的时间较短,实践经验不足,办学经费缺乏。通过校企合作,建设一批关系密切、技术先进的实训基地,有利于唤起学生的主体意识,发挥主体作用,激发创造性思维;有利于帮助教师在实践中完成理论到实践的转化,实践到理论的升华,培养具有创新能力的"双师型"教师。

(4)校企合作可帮助高校建立合格的师资队伍

教师作为知识的引领者,对于创新型物流人才的培养起到至关重要的作用,但现实情况是,许多高校物流教师都是从其他学科转来,既缺乏理论知识又缺乏相关实践。而校企合作一方面有利于高校教师理论联系实际,获得实践锻炼的机会;另一方面,也给高校带来了市场最新变化,让高校教师知道市场需要什么,存在哪些问题。这能够激发高校教师进行创新和变革的热情。

(5)校企合作可促进高校科研成果向现实生产力转化

首先,高校通过科技成果作价入股这一做法为其科研工作注入活力,极大地激发了他们对科研工作的热情和信心;其次企业在高校设立专项科研基金或出资共同申报、开发项目,保证了科研工作的顺利进行;再次,通过各种合作实体的建立,可以解决高校科研成果转化不畅的难题,为高校直接参与经济建设开辟了途径。

(6)校企合作有助于高校进行创新和变革

高校是知识的高地,更应是创新的高地,对于高校来说,知识重要,创新更为重要。创新人才培养是一个系统工程,它涉及学校、企业、政府等诸多部门。在校企合作培养创新型物流人才的过程中,通过校园文化和企业文化的相互渗透、交融,为学生在实践中培育了爱岗敬业、诚实守信、勇于创新的人格的土壤。通过校企合作培养创新型物流人才,无疑是一个促进学校发展,保障企业利益的双赢选择。

三、校企合作培养物流人才的实施策略

在我国各开设物流专业的高校,校企合作正在逐步地实施,如广东轻工职业技术学院和南方物流有限公司共同创建了华南地区首个校企合作的物流学院,如南开大学物流专业与天津港务局集团公司进行合作教学,又如北京交通学校、北京工商大学和易通交通信息发展有限公司联合开发的校企合作物流教学变革模式和实验室建设方案,都已经初见成效。但是,我国物流专业校企合作还存在一些问题,如校企合作层次定位不准,发展不均衡,目标性不强,稳定性较差,模式单一等。要搞好校企合作项目,需要学校、政府和企业的共同努力。

1. 高校方面的策略

物流专业教育要想办出生机和活力,就要立足区域,面向世界。物流专业教育的培养目标是面向经济发展的需要,培养具备综合职业能力和全面素质的物流专业人才,需要主动加强与物流行业、物流企业、生产企业、流通企业和社会各方面的联系,紧密结合企业生产、经营、管理,特别是物流管理活动,注意引进先进的物流技术和设备,改进校内物流实训和实验条件,在教学内容方面广泛吸收新知识、新技术和新方法,为培养出适合社会需要的有用的物流人才打下良好基础。

为了更好地促进校企合作,培养物流人才,高校可从以下几个方面着手:①专业方向和教学计划的调整;②物流专业的课程体系建设;③物流专业实践教学环节的安排;④物流专业课程的设置;⑤物流专业校企合作程度深浅的把握等。

2. 政府方面的策略

高校物流专业校企合作办学的要素有三,即高等院校、企业(科研部门、社会各界)、政府,其中高等院校与企业是校企合作办学运行系统的主体部分,校企双方建立紧密结合、互惠互利、共同发展的合作机制是建立校企合作办学运行机制的基础,而政府的支持和引导则是必不可少的保证。国外发达国家高等教育校企合作办学的实践已充分证明了这一点。如:法国的法律规定,企业雇用参加生产劳动的实习学生只需付实习生津贴而不必付保险金;而雇佣一名正式员工,除要付给雇员工资外,还要向社会福利局交付雇员工资的80%—90%作为失业、退休、医疗等保险金,这样,企业雇用一个实习生的费用实际上只相当于刚毕业的工程师工资的1/4。又如英国政府规定,如果企业和学校培养学生,举行"三明治"式的合作教育,安排学生在企业进行实践锻炼,可根据接受学生的数量适当免交教育税。德国政府规定,企业接受学生实习,可免交部分国税。这些由政府制定和实施的政策法规,对引导学校和企业参与合作教育发挥了积极的作用。

在促进校企合作共同培养物流人才的过程中,政府可从如下几方面进行努力:①建立政府主导的校企合作管理体系;②制定完备的法律政策体系;③建立校企合作的评价体系和激励机制;④建立校企合作的政府投入机制。

四、校企合作培养物流人才的有效模式

1. 校企合作培养物流人才的主要模式

通过大量的资料分析和社会调研,本章总结出高校物流专业校企合作办学的主要模式有如下几种:

①学校和企业成立物流专业校外专家指导委员会模式。这种模式的实施方法是聘请物流企业或物流行业的顾问、专家及部分有丰富实践经验的物流专业技术人员参与学院物流专业有关培养目标、课程设置和教学计划的审定、制定和调整等教学工作,对物流专业课程体系和教学计划进行指导。

②学校在企业建立稳定的实习实训基地模式。我国的不少物流院校都在合作企业建立了实习实训基地,这种模式对于很多物流高校来讲是较易实施的,也是较为适合的模式,因而较为普遍。这种模式一般的实施方式是:由政府协助,或学院自己找寻合适的物流企业,以"双向介入、紧密合作、互惠互利"为原则,与企业共建教学实习实训基地。学生在校学习期间,可以按教学计划到实习公司(基地)去进行生产见习、课程实习和毕业实习,使理论学习与生产实践能紧密地联系起来,这有利于物流专业学生强化专业理论,提高工作技能。实习公司(基地)长年接收学生实习,同时也可以为企业培养和挑选好的人才。

③以协议合作形式,进行订单式物流人才培养模式。所谓订单式培养,就是指作为培养方的开设物流专业的院校与作为用人方的企事业单位针对社会

和市场对物流人才的需求,共同制订人才培养计划,签订用人协议,并在师资、技术、办学条件等方面合作,通过"工学交替"的方式分别在学校和用人单位进行教学,学生毕业后直接到用人单位就业的一种合作模式。

订单培养的形式有几种。一种是企业从一开始就要求进行订单培养,单独组班,学生的教学计划是学校和企业共同协商制订的。在教学过程中,除了学校的正式课程之外还加入了企业要求的课程,如企业文化等。第二种是企业根据自己的实际需要向学校提出对人才的具体要求,由学校出面组织,从二年级或三年级的学生中选取学生单独组班,脱离原来的班级,将企业所要求的课程排入正式课表中,替代专业课程。第三种是非单独组班,从某些二年级或三年级的学生中选出一部分进行订单式培养,这些学生不脱离原来的班级,而是利用课余的时间和节假日学习企业的课程。

④企业创办附属物流学院或学校模式。企业可以投资,在学校创办附属物流学校或学院,专门为企业的物流人才培养和提高企业员工物流方面的业务素质服务。附属学校可以根据企业的发展需要开办与物流相关的专业,并根据实际需要设置课程,学生可以按照企业的需要和岗位的变动来学习和进修相关的物流知识和技能,取得新的技术职称和学历。学生可以是学校面向社会招收的为企业培养的新员工,也可以是企业的在职员工,脱产学习后再回企业去工作。

⑤设立项目合作研究中心模式。开设物流专业的高等院校可与企业合作,设立物流方面的项目合作研究中心,由学校教师和企业的专业技术和管理人员组成专职或兼职的研究队伍。研究中心把基础研究与企业的特殊项目研究相结合,如将港口物流服务优化的研究和某港口物流公司的实情联系起来,这样实现理论联系实际,科研结合生产,将更容易出成果,成果也更便于转化为生产实践,从而尽快产生效益。

⑥自主开设校办产业模式。对于有一定实力的开设物流专业的院校,可以自行建立物流校办产业,自主开展校企合作。校办产业中的管理和技术问题可以由学校专业教师参与解决,企业的市场可通过物流专业教师的技术创新与技术开发来拓展。同时,企业为学校的学生实习提供方便,学生可以方便地根据计划进入企业实习。由于校办产业与学校教学机构的联系要比外界企业强得

多,因此,学校物流教学机构和校办产业的合作要更为稳定可靠,遇到问题也较易协商。

⑦形式多样的企业助学模式。由政府支持,相关的企业对学校开展多种形式的助学活动。例如:企业在学校设立物流专业专项奖学金,奖励物流专业学习优秀的学生或富于创新的学生;企业举办专业技能竞赛,由企业发放奖学金和证书,鼓励学生去接触企业和社会等。

2. 校企合作培养物流人才模式的选择

高校物流专业校企合作模式的选择,一方面取决于各地区生产力水平和物流发展水平,另一方面则取决于物流专业教育本身的发展程度。校企合作培养物流人才的模式并没有统一模式,不同的高校应该在不同情况下采取不同的校企合作模式。在选择培养模式时,我们可以依照如下的一些原则:

①坚持互惠互利的原则,走共同发展的道路。在一定程度上说,校企合作是一种利益驱动的非竞争合作关系,存在着利益上的协调与制约,这种制约不是相互之间的牵制和对抗,而是相互参与、合作服务、分享成果。企业在生产经营过程中所涉及的人力资源市场、教育培训市场、技术市场等都与物流教育有密切的联系,这是学校和企业的共同利益。因此,物流教育要想取得校企结合的实质性成果,必须遵循学校与企业利益共享的原则,以谋求共同发展。同时,双方都应以战略的眼光来对待校企合作对各自成长、发展带来的好处。

②坚持市场机制原则,大力推广依托企业的物流人才培养模式。我省开设物流专业的院校多是面向地方经济建设,为地方经济服务的,因此,它的校企合作必须坚持市场机制原则。物流专业教育要根据物流市场和产业结构的调整和变化,以及大中型企业发展及物流企业发展的需要,来不断调整自己的办学方针与专业设置,及时增设社会需要的新课程,使物流专业设置和教学内容更具开放性、科学性、针对性。

③坚持全方位多层面的原则,为高校尽可能争取社会资源。根据目前我国和我省物流专业教育的情况来看,很多问题都可以通过校企合作的方式得到解决,因此高校应尽可能多地为学生争取到接触社会或从企业受益的机会。另外

从高等教育的人才培养以能力为本位的特点来看,校企合作最好是全方位多层次的。对于浙江省目前的物流教育来说,我们认为,不能只注重某一层次的合作,可以在不同层次上进行多种模式的合作。如在物流专业建设上,建立由用人单位专家尤其是大型合作企事业单位的专家、专业教师、科研人员和教学管理人员组成的专业指导委员会这就是一条很好的路子。在教学内容和课程体系上,要认真听取用人单位尤其是合作的企事业单位的意见,尽可能邀请社会用人单位参与教学计划的制定,根据企业的人才培养规格要求开设课程,使物流专业教育与行业、产业发展融合在一起。在教学过程中,学校可与物流企业密切联系,邀请物流企业的管理人员和工程技术人员到学校担任兼职教师,或通过企业向学校提供实习场地等,促进理论与实践紧密结合。同时,物流企业也可为学校培养"双师型"教师,为教师提供挂职锻炼的机会。

④坚持发挥优势的原则,依靠特色促进校企共同发展。我国各高校的物流专业多是由相近专业转化而来,如原来交通运输类的学校和财经类的学校,在原来的交通运输专业或者物资等专业上进行变革发展成了今天的物流专业,因此,这些学校的物流专业都有各自学校的特色和优势,并且这些学校和行业内的企事业单位都有一定的联系。物流专业的校企合作,应充分利用这些优势和特色,应根据自身办学优势和合作企业的需要对教学内容做出及时调整,必要时可招收"订单式"专业班,保证培养的物流人才能适应社会上企事业单位的需要,使学校始终处于主动适应的位置。

参考文献:

[1] 张微,张喜梅.美国产学研合作教育的特点与启示[J].中国冶金教育,2004(3).

[2] 冯晋祥.中外高等职业技术教育比较[M].北京:高等教育出版社,2002(1),

[3] 张成海,胡双增.美国物流从业人员状况和物流教育[J].中国物资流通,2000(9).

[4] 丁俊发.关于启动中国物流人才教育工程的几点思考[J].铁道物资科学管理,2002(6).

[5] 国务院.关于大力发展职业教育的决定[Z].2005-11-11.

［6］王恩涛,邵清东.现代物流人才的知识结构及能力要求[J].物流技术,2003(11).

［7］汤生玲.论职业教育与职业世界的有效融通[J].教育发展研究,2004(12).

［8］陈代芬.物流管理操作型人才培养的研究与实践[J].物流技术,2002(5).

［9］于忠辉.校企合作教育的理论与实践[J].河北农业大学学报,2004(12).

［10］陈舜.高校物流人才教育的思考[J].中国大学教学,2006(8)

［11］杨放.关于高校通过校企合作模式培养物流人才的探索[J].宁波大学学报,2006(2).

（本案例由原作者宁波工程学院秦华容副教授提供，

宁波工程学院刘世钰老师，

宁波市物流协会及其多家会员企业参与研究）

卓越国际物流人才校企联合培养机制

——基于 CDIO 理念

引 言

本案例来源于《当代经济》,2015 年第 31 期。曾获浙江省高等教育课堂教学改革项目资助。

探索基于 CDIO 理念的卓越国际物流人才校企联合培养机制有助于构建开放的、与时俱进的校企联合培养体系,培养特色鲜明的卓越国际物流人才。本案例在阐述 CDIO 理念和卓越人才培养计划要求的基础上,分析了国际物流人才校企合作存在的问题,并针对性地设计了校企联合培养的方案与机制。

大力推动国际物流发展是我国开展"一带一路"倡议的重要内容,同时也是优化外向型经济发展空间格局的有效途径。推动国际物流发展的重点是培养符合政策导向以及企业需求的应用型人才。而当前,国际物流人才培养的水平和企业人才需求的实际呈现出严重的不匹配。部分大学毕业生在接受了高等教育之后仍面临就业难的困境,而国际物流企业也很难招到适合的员工,这极大地制约了企业国际化的步伐和整个产业的发展。同时,世界经济发展的新趋势和我国经济转型发展的新常态也对国际物流人才的培养提出了新的要求。基于 CDIO 理念的卓越国际物流人才校企联合培养创新机制的主要目标就是减小国际物流人才供需之间的差距,使大学丰富的教育资源能够更好地服务于国际物流产业,保障"一带一路"国家战略的顺利实施。研究有助于提高当前国际物流人才的培养水平,完善物流专业的教育培养内容,丰富卓越人才培养计划的教改成果,为国际物流人才校企合作培养模式创新提供必要的理论与实践支撑。

一、CDIO 教育理念和卓越培养计划对国际物流人才校企联合培养的要求

基于 CDIO 的卓越国际物流人才校企联合培养模式结合了 CDIO 的工程教育理念和卓越计划的人才培养要求,并充分融合了学校和企业的两种人才培养途径,有助于培养更为全面和优秀的应用型国际物流人才。

1. CDIO 教育理念的系统性、科学性要求

CDIO 教育理论是近年来国际工程教育创新的前沿成果,由麻省理工学院等四所世界著名大学创立。CDIO 模式即构思(Conceive)、设计(Design)、实施(Implement)以及运作(Operate)的人才培养模式,贯穿了产品从构思、设计、研发阶段到实践运作阶段的全过程。CDIO 教育理念不仅继承并发展了欧美国家20 多年工程教育的创新成就,而且更为系统地设计了提升人才能力与素质的可行性方案,以及更加全面、客观的评价评估标准体系。

CDIO 教育理念的本意是为学生提供一个强调工程基础,突破虚拟模式限制,建立在现实世界中的系统的学习过程,整个教育系统运行以整体构思—设计—实施—运作整个过程作为背景环境。CDIO 理念不是典型案例的组织教学,而是在教学过程中增加丰富的实践项目并辅以实习,及时与外界达成有效的沟通;有效使用实践基地和实验室的良好条件把教材上的理论知识应用到实践当中,真正地实现实践与理论相结合,知识、能力和素质共同培养的一体化教学方案;以达到提高学生动手能力,增强学生分析解决实际问题的能力,加强学习反馈机制的目的,把学习转变为一项智力游戏,纠正工程实际中对创造性和实践性少需求的错误观点;培养基础知识扎实,实践动手能力强,有团队合作意识的专业化人才。

2. CDIO 教育模式的专业化、多层次要求

CDIO 教育模式的培养过程不只要令学生理解自然规律，更要掌握和运用这些规律，去创造越来越多实用、经济和可持续发展的工程产品。该模式可以培养学生终身学习的习惯和不断创新的能力，使他们在毕业后能很快进入工作环境，成为合格的职员，表现出强有力的后劲。CDIO 教育模式要求把重心放在企业急需的专业上，强化学科建设。不难发现，国际物流这个行业正是当代发展中的急需人才专业。培养大量国际物流专业人才，无疑能为中国产业结构优化、经济可持续发展提供丰富的人力资源。

专业人才的培养不是一蹴而就的，他们拥有的知识、能力和经验都是在长时间、高强度的培训中得到的。目前，普通高等学校经过传统的课堂教授、实地操作、毕业论文等流程，大致达到了基础与理论知识认识以及技术与能力提升的目的，而后通过企业相关工作的磨炼，成为合格人才。这不仅要求学生个人要长期努力，而且需要学校乃至整个社会对人才成长持有充分的耐心，营造良好的成长环境。同时，一支高水平的教师队伍也是至关重要的，提高国际物流教师的综合素养、特别是双师素质已经成为教师队伍培养的第一要务了。

同样关键的是拥有终身学习的理念和能力，无论位于人才谱系的何等级别，每个人都必须时刻学习和锻炼，把握国际物流的发展走向，随时更新专业知识，提升自身技术水准。

3. 卓越人才培养计划的创新性、适应性要求

卓越国际物流人才培养计划是基于教育部为实现工程教育强国战略目标提出的"卓越工程师培养计划"具体化形成的。其首要任务是打造出一批拥有较强改革精神和实践能力，能符合经济快速进步对高素养高品质工程技术人才的要求，满足各种国际环境变化的不同卓越工程师。

卓越人才培养计划要求在人才培养过程中，充分考虑行业的多样化和对人才需求的多样化。在国际物流人才培养过程中需要培养学生的创新意识和对实际工作的适应能力。卓越国际物流人才需要熟练掌握物流行业技术标准，国

际物流领域的流程,理论和技术方面的专业知识,具有高超的行业技术领悟能力,具有对信息数据的敏感性,对信息系统开发,设计,运用及改造完善等工程技术方面的操作技能,以及对外语和相关知识的熟练掌握和灵活运用;要有较强的创新意识和创造能力,能时刻关注国际物流前沿状况,把握发展趋势,关注国际物流领域新思想、新方法、新设备、新技术的发展运用,并具有将新技术或边际行业的技术拿来创造性地为我所用,充分地利用各种资源来解决实际的物流问题的意识和能力;要具有独立自主、终生学习的意识和能力,对国际物流环境有高度的适应性,具备统筹安排物流环节及对设备的合理利用使得国际物流环节最优化,服务更加顺畅的能力。

从基本目标上来看,CDIO教育理念与卓越人才培养计划都是为了培养高质量的国际工程师,二者在任务、理念、方法及内容上都有明显的契合点,具有高度的关联性和兼容性。基于CDIO理念的卓越国际物流人才校企联合培养模式不仅可以使学生获得实际工作经验,还有利于帮助学生提高职业专业能力,毕业后能够相对容易地实现由学生向社会工作者的角色转变,更容易适应工作岗位的要求。因此,将CDIO教育理念与卓越人才培养计划充分结合、融会贯通,指导国际物流专业校企联合人才培养的实践,有利于推进应用型本科院校物流人才培养模式的改革与发展。

二、国际物流人才校企联合培养的现状及存在问题

当前国际物流人才校企联合培养的案例已屡见不鲜,但由于某些配套机制和实施过程中采用的方式方法的不成熟,校企联合培养人才项目存在很大的不足。

高校和物流企业的价值取向不同。高校旨在培养有利于社会的人才,关注焦点在大学生就业情况,具有公益性;而利益是企业的目标。校企利益诉求差异使校企联合培养人才的施行过程中存在学校单方面的高热情,而企业不愿将自己作为物流实验室,供毫无经验的学生培训的情况。校热企冷的脆弱协同关

系并不能使校企联合培养人才机制发挥其最大的作用。这种现象主要原因在于企业在关于高校物流人才培养计划的制定环节以及联合培养教材制定中并没有主动参与或者参与度不深。由于物流人才教育与物流人才运用的分离，毕业生在高校学习的内容和物流企业实际操作中存在严重脱节。

校企对成果生效方面的关注度存在差异。高校物流领域的主要任务在于科研创新，引领物流行业发展，效益相对滞后，而企业则注重收获效益的即时性，对国际物流产业发展的长远效用兴趣不大。总之，校企之间的种种分歧还是由于企业方面没有充分认识到校企联合培养人才为企业带来的远景性收益，校企双方在沟通方式和内容磨合上还有待改善。

政府部门在缩小校企之间利益诉求的差距，"求大同存小异"方面的举措还不够完善。就对人才的需求这一点来讲，学校的目的在于培养，而最终受益的是人才服务的企业以及社会生产力。可以说校企对于人才培养有着共同的渴求，但是校企在根本属性上的差别和利益点上的差异导致校企联合培养人才机制不够成熟。为了平衡、缩小甚至消除这种矛盾，就更需要政府作为有力的第三方介入。很明显，政府部门在这方面做得还不够。国家在《国家中长期教育改革和发展规划纲要》中重点提出"高校必须主动推动教学模式创新，做到实施工学结合、校企联合、顶岗实习的人才培养方案，要加强'双师型'教师队伍的建设"。但相关政府部门并没有制定出相应的法律法规更没有做到推行与落实相关操作细则，对于参与校企联合培养卓越国际人才的企业也没有制定推行出完善的保障机制和相关的福利分配制度或者是给企业某些方面的税收减免制度，这也是企业考虑到规避风险而对校企合作参与度不高的原因之一。

三、将 CDIO 理念应用到卓越国际物流人才的校企联合培养机制的方案设计

校企联合培养卓越国际物流人才的教育机制是基于市场和社会对人才的需求，是校企双方共同培养物流人才的过程。主要开展重点即为企业输送素质

高,职业技能扎实,综合能力丰富,就业竞争力强的人才,充分使用高校和物流企业两种迥然不同的教育环境、资源以及方法,利用传统课堂教学与学生参加物流企业实际工作有机结合的模式,打造出适用于当今社会国际物流业的应用型人才,以达到校企双方最大利益的教学方案。

突破工程教育理念的专属模式,将 CDIO 理论灵活地应用于卓越国际物流人才校企联合培养机制中,制定基于 CDIO 理念的全新的物流管理专业人才培养方案,以企业提供的企业文化、现代设备、运行机制和真实的实践平台为依托,全面整合校企双方的各种教育资源、方式和途径,把理论和实践相结合,共同发挥作用,相互促进发展。CDIO 为当代国际物流人才的培养提供了坚实的理论基础和具体化的操作实行模式,其内涵正好可以贯穿从设计到终结的完整物流环节的运行。而且,该理念强调为大学生提供实训基地的场所,让学生在真实的企业运行中体悟企业运作的模式,了解企业运行各环节对于人才能力的不同需求,进而明确自我在企业工作中的客观定位,发现自己的不足,明确改进的方向,切实将创新实践素养纳入高校理论教育和企业的实践培养中。CDIO 教育理念就是在全过程中培育学生的工程理论及相关专业能力,包括学生自身的工程科学与技术能力,个人的终身学习能力,队伍沟通合作能力和全局控制等各方面的能力。所以说,基于 CDIO 理论的卓越国际物流人才校企联合培养机制的研究对于人才培养模式的制定有极大的参考价值,基于 CDIO 理念塑造的物流人才应该是全面发展,内外兼修,理论知识扎实,操作娴熟的人才,他们具有统筹优化资源的意识和能力,有创新意识,强烈的社会责任感和高尚的职业道德。

1. 教师队伍建设

方法一是校内老师到企业去挂职。老师长期待在学校内教学,无法接触到当前最新的企业操作流程。通过去企业挂职,老师能够及时更新自己的专业知识,以便在课堂教学中将理论联系实际,教授与时俱进的实务知识。

方法二是企业人员兼职教学。由于企业人员对企业内文化与业务的熟悉,可以通过讲座等形式传授给学生很多课堂上学不到的实践知识。在启发教学的同时，更注重对学生循循善诱，因材施教，积极发挥个体学习的积极性，让学生自己去探索、领悟和总结。

2. 课程设计

随着科学技术智能化、信息化的发展，国际物流企业对人才的需求有了更高层次的要求。这就需要国际物流课程设计相应地与企业需求匹配。因此，有必要以国际物流方向课程为中心，通过对国际物流周边课程整合，形成一个综合课程群。这样的课程群设计有利于各相关课程实现全局计划、综合布置、相互交融、协调配合。根据国际物流企业需求设计具体课程，并根据该课程目标布置课程任务。学生以小组为单位，在完成课程学习的同时完成任务，达到全面提高学生在国际物流专业知识学习、团队合作、过程控制和管理等方面能力的目的。

3. 实验环节

目前，高校和企业存在的问题在于它们独立建设的实验室或项目工程部总存在没课题、没场地、缺乏资金和技术等问题，很难达到预期的效果。校企共建研发中心就很好地解决了以上问题，并且还充分地扩展和延伸了其功能定位。模拟企业环境建设的实验室，作为实践教学、科研创新和成果应用的孵化器，不仅实现了"产、学、研、用"一体化，还促进了企业产品向高技术含量、高附加值和高市场占有率方向发展。

4. 校外实践环节

高校提供的教育即使加入实验室也是虚拟化的演示，并不能适应瞬息万变的国际物流环境。因此，只有校企共同搭建理论与实践相结合的平台，让大学生参与到一线工作岗位，才能真正做到与时俱进。学生通过顶岗实习，深入各部门进行具体操作，可以熟悉企业文化、组织管理、职责分配、运行模式以及国际物流行业的发展趋势。通过适应不同的岗位，找到自己的定位，可以更有针对性地利用高校资源充实自己，同时培养自身的责任意识和团队意识。

四、基于 CDIO 理论的卓越国际物流人才校企联合培养创新机制方案制定

基于 CDIO 理念的卓越国际物流人才校企联合培养方案的实施需要一套行之有效的机制保障,这样才能实现其正常的运作,发挥校企双方的作用。

1. 统一顶层设计

校企联合培养方案实施的首要任务是明确顶层的设计。因此,需要高校和企业组成联合领导小组,统一人才培养方案的顶层设计。不仅要明确人才培养的目标,还要协调好硬件与软件方面的投入与使用。要处理好实践平台的联合搭建、运营以及维护等方面的问题,也要明确学生培养、实训及就业等方面的问题。

学校和企业组成联合领导小组统一顶层设计是基于 CDIO 理论的卓越国际物流人才校企联合培养创新机制实施的必要条件。在硬件方面,需要校企联合首先达成改革联盟的共识共同搭建稳定的实践平台,为学生提供可以施展拳脚的实训场所,并做好资源的合理安排;软件方面,要得到校企双方领导的支持,在卓越国际物流人才的培养计划制定中加强沟通,制定基本统一的人才培养目标。

2. 学分制改革创新

学分制是人才培养的重要手段,为了进一步将 CDIO 理念落实到卓越国际物流人才校企联合培养,可以通过学分制改革,将学生培养导向卓越国际物流人才培养的目标。

在原有的学分制体系中,通过加入企业学分,实现学分制改革创新。采用更多的考核方法和评价方式,引入多元化考评体系,更加突出学生在国际物流实践方面的能力培养。学生也可以通过校外第二课堂的联动,切身体会企业文

化的影响力和企业运营的机制。同时,也可以通过校企教育、实践资源的整合,设计更为合理的特色人才培养模式。

在该创新机制施行的工作方法上可以融入多种先进的方法理论,类似于学分制改革创新(即加入企业学分)对优化资源方式的参考,以做好关于学生理论教育和实践引导两大方面共同发展为工作重心,负责任地落实好各项工作,多征求专业学者或实践经验丰富的人员的意见和建议。

3. 校内外教师优化配置师资

培养"双师型"教师,提高教师能力。通过校企合作,物流专业教师可以进入与学校合作的物流企业兼职,熟悉行业动态,更新专业知识的储备,接触当前最新的物流企业操作流程、物流行业发展动向等,并结合自身的专业性理论培训经验,将理论知识与实践相对接,实现科研推动产业、产业反哺科研的良性循环。同时,专业教学课程也可以邀请国际物流业在职人员进入教师队伍,来实现物流专业教师与合作企业在职人员的合作融合,培养出具有一定理论知识和熟练技能的学生。值得强调的是,国际物流是一个实践性很强的学科。国际物流教师队伍不仅需要经过严格的专业培训的专任教师,还需要熟悉国际物流行业的企业导师。

4. 校外第二课堂联动

在人才培养中要制定详细,周密的计划。校企结合能为学生提供的教育环境和资源进行分工,经过校企的密切沟通,根据当今物流行业的发展模式找准改革的切入点,建立自己特有的人才培养模式。就宁波港口而言,可以从报关、报检、航线规划、多式联运的转换,配套手续的获得以及集装箱装货等不同环节对人才能力的不同需求来制定具有特色的培养模式。

企业文化与校园文化的相互渗透。企业可以定期在高校举行讲座会谈,向广大教师学生们展示企业文化和运行机制,让教师和学生能真正感受到校企合作与以往模式下教学方式和效果上的不同。学校也可以组织同学们到企业进行实地参观学习,切身体会企业文化的影响力和企业运营的机制。

五、基于 CDIO 理论的卓越国际物流人才校企联合培养评价体系探析

无论哪种教育都有固定的"教—学—考"模式,学习评价体系对学生来说,是调整学习策略、改进学习方法、提高学习效率的重要手段,而对教师来说也是得到教学反馈通知、改变教学方式、提高教学质量的重要参考。

基于 CDIO 教育理念,校企联合培养人才模式提出的理论教育和动手操作相结合的培养机制的复杂性不同于既有的教学风格,因此不能单一的采用卷面答题的形式对学生进行考评。针对这种特殊的教育机制,需要采取校内评价与校外评价相结合,甚至要在实践的不同阶段以及在不同案例中对理论知识灵活运用度和创新程度进行评价。由于这种评定模式不能按照既定的唯一检验标准简单的判断对与错,而需要经验丰富的专业人士进行跟踪观察和细致分析后给予客观的评定。这不仅对被考察人员的素质能力和专业技能有很高的要求,对考察评定人员的专业性和权威性也有很高的要求。

根据不同要求下的能力培养方式制定不同形式的考核方式,虽然会加大教师等评定人员的工作量,但多种评价机制并存,评定出的学生成绩会更加客观。这也能帮助学生将问题细致化,更有针对性地去完善自身素质修养和能力。

1. 校内评价内容

对于教师来说,通过对学生的专业学习成绩进行评定,也能第一时间把握学生对接受知识和运用知识的详细情况,进而修订教学改革的方向,将教学中取得的成就与急需处理的问题都定期地参照创新目标进行评估与反馈,能达到不断进步,适应时期发展的目的。

2. 校外评价内容

CDIO 理论考核方式的差异性促使学生学习方式多样化,推动学生重视个

人职业道德，综合素质和专业技术的共同发展，在规范制度化的同时做好指导工作，使考察机制更有效率地进行，并能以此为模型建立完整可靠客观的评价系统。

CDIO 理论注重对实践过程的评价，注重整体的评价，因此这种理念下的评价方式多以"运用，探索，创新"为重点，旨在培养理论知识丰富，操作娴熟，有创新意识和能力的人才，

CDIO 理论模式对教师及其他多元化评价体系中参与评估的专业人员评价机制也具有一定的适用性。教师、专家与学生之间的双向激励政策一定程度上调动了双方的积极性，也起到监督教师及专家教授客观评价学生实践成果的作用，降低其因个人情感因素做出不公正评价的可能性。这使整个评价体系更加客观、完善，对物流国际标准化进程有一定的建设意义。

六、结语

作为一种先进的教育模式，CDIO 理念的成功已经在国外得到验证。"卓越计划"需要教育工作者不断地探索及研究。而基于 CDIO 理念的卓越国际物流人才校企联合培养机制的设立，就是要借鉴 CDIO 理念，构建一个开放的、与时俱进的培养体系。卓越国际物流人才校企联合培养是个渐进的过程，高校可以根据国际物流的形式，结合当地的物流特点，学校自身的特点，学生的具体情况来决定培养的阶段、内容及细化的目标体系，从而培养出基于我国国情、具有地方特色的卓越国际物流人才。当然，在校企联合培养人才的过程中，也需要政府部门发挥相应的作用，保障校企联合人才培养的有效进行，运用减免企业税收等激励手段调动企业给大学生提供实践平台的积极性。企业没有了后顾之忧，与学校合作的热情必然会高涨，就可以从根本上保障校企联合的有效进行。总之，政府部门的支持是基于 CDIO 理论下校企联合培养人才最具信服力的保障。

参考文献：

[1] 雷环,汤威颐,CRAWLEY E F.培养创新型、多层次、专业化的工程科技人才——CDIO 工程教育改革的人才理念和培养模式[J].高等工程教育研究,2009(5):29-34.

[2] 韩志刚,金长义.关于校企合作运行机制的探讨[J].广西轻工业,2008(6):109-110.

[3] 程建.高职物流管理专业人才培养模式创新实验区探讨[J].职业技术教育,2012,33(5):17-19.

[4] 王兵,吴书安,王欣,等.校企双主体实践教学模式及保障机制研究与实践[J].扬州职业大学学报,2013,17(4):58-61.

[5] 郭瑶.物流行业校企深度合作人才培养的发展策略研究[J].中国商贸,2013(30):191-192.

[6] 江艳,伍应环.区域经济发展中物流人才培养策略[J].企业经济,2012(11):80-82.

（本案例由原作者宁波工程学院傅海威副教授提供）

课程改革篇

基于 CDIO 的进阶式课堂教学模式改革

——以"国际贸易实务"课程为例

引 言

本案例来源于浙江省课堂教学改革项目"基于 CDIO 的进阶式课堂教学模式改革——以国际贸易实务课程为例"（kg2013450）成果。是基于宁波工程学院物流管理及国贸类专业实践教学改革的探索与实践的总结。

国际贸易实务是国际贸易、物流管理（港口物流方向）等专业的一门基础学科，是一门专门研究国际商品交换的具体过程的学科，是一门具有涉外特点的实践性很强的综合性应用科学。它涉及国际贸易理论与政策、国际贸易法律与惯例、国际金融、国际运输与保险等学科的基本原理与基本知识的运用。是外贸函电、国际商务单证、国际结算等诸多专业课程的基础。是外贸行业外销员、报关员、报检员、国际商务单证员、跟单员、国际货运代理等职业岗位知识与能力培养的重点的课程，是国际贸易与物流管理专业的基础性核心课程。因此该课程教学环节的安排，教学内容的组织，教学手段及方法的运用，教学效果的好坏都要直接影响到相应专业的前接后续课程的教学。为此，我们从以下几个方面进行了改革。

一、国内外相关研究现状

CDIO 是 2001 年由美国麻省理工学院主导开发的一种全新工程教育理念和实施体系（Williams，2001），目的是赋予工程师教育新活力（Charles，2006；

Auyang,2004）。经过国外学者及实际工作者的不断研究与探索,形成了工作室教学、项目教学、问题教学、体验学习、参与科研等工程教育模式（Edward,2010）。为了增加 CDIO 教育模式在各地的普适性,研究者已开发了许多资源,力求将其整合并系统化,使其成为一种开放资源（Crawley,2007）。CDIO 中国化的研究主要从以下几个方面展开:①人才培养模式改革。CDIO 工程教育模式的中国化将成为培养创新型工程人才的有效途径（康全礼等,2008）。一些高校不断进行中国化培养模式探索,取得了一些成果。②课程教学改革。基于CDIO 工程教育的先进理念,汪木兰等（2011）总结出能力进阶的系列化探究式项目教学的设计思路。朱向庆（2012）提出以学生为主体、以教师为主导、以实践为主线开展微型项目驱动教学。③课程体系建设。徐兵和孙海泉（2009）构建了以 T 型素质为培养目标的课程体系。谭志等（2011）提出了培养学生创新能力的层进式实验教学体系结构。④教师培养。目前只有少量研究涉及 CDIO教育模式下的教师培养问题。曹淼孙等（2012）、董文良等（2012）指出了在CDIO 教育模式下,高等工程专业教师必须努力转变其角色定位。

　　高等教育课堂教学改革的研究主要集中在以下几个方面:①课堂教学改革模式研究。葛媛媛（2012）提出了:提升教师素质是课堂教学改革的基础工程,改革课堂教学方法是课堂教学改革的灵魂所在。施小蕾（2011）研究了以学生为中心高等教育课堂教学模式再造。②课堂教学方法创新。邵士权（2011）系统性研究我国高等学校教学方法创新问题。③课堂教学中学生能力的培养。王德培等（2012）认为,坚持教育创新,以人为本,培养具有创新精神和高效学习能力的高层次生物工程领域人才是教育的核心。④课堂教学绩效评价指标体系的研究。刘嫦娥等（2010）采用问卷调查法对中国文化背景下的高等教育课堂教学绩效评价指标体系进行探讨,采用探索性因素对数据进行分析,结果表明,高等教育教学课堂教学绩效评价指标体系由三个维度构成:教师教学能力、教师教学特质、教学材料与课程负荷。黄晓玲（2012）针对我国现有的高等教育课堂教学评价体系在针对性、科学性及有效性等方面均存在着一定的不足,指出现有的高等教育课堂评价体系只有从教育性、教学性及学术性这三个维度进行优化,才能充分拓展课堂教学的内涵,确保其适切性。

二、基于 CDIO 的进阶式课堂教学模式内涵及特点

(一)基于 CDIO 的进阶式课堂教学模式的内涵

基于 CDIO 的进阶式课堂教学方法是一种组合式教学方法,它在国际经贸人才培养过程中的具体运用是指在课堂教学过程中,借鉴 CDIO 理念,综合运用案例式、项目式、拓展式、创新式、科研式、信息式、互动式、探究式等多种教学方法,设计国际贸易专业课程的教学环节;通过构思、设计、实施、运行流程,形成:设计案例引入、要点引导、基于实际、案例深化、实践强化、多方评价等逻辑性强、宜于操作的课堂教学环节;多方面培养学生的学习能力、专业基础能力、专业技术能力、专业操作能力、专业分析能力,分阶段进阶式提升学生在知识、能力及情感等方面的综合素质水平;同时提高学生自身的岗位适应及创造能力,从而使学生发展成为适应现代对外贸易及社会经济管理工作挑战所需要的具备成熟的性格,综合的知识猎取能力及柔性创新力的高级应用开发型国际经贸人才。

(二)基于 CDIO 的进阶式课堂教学模式的特点

中国的课堂教学改革大致经历了三个阶段:第一阶段经历了由"还时间予学生"向"还思维过程予学生"的初步探索,突出了学生的主体地位,注重了学生能力的形成与发展,促进了教学成绩的全面提升。第二阶段经历了由"统一的规范化教学模式"向"多元化的综合型教学模式"的进一步的转变。第三阶段是探讨"如何在课堂教学中实现综合素质的培养"这一焦点话题和难点课题,使学生的科学素质、人文素质和审美素质综合发展。进阶式教学方法正是研究如何基于 CDIO 理念在课堂教学中实现知识、能力及情感三维目标的综合实施、进

阶式提升,使学生的科学素质、人文素质和审美素质综合发展,其特点体现在以下几个方面。

1. 强化案例教学

在国际经贸人才培养过程中,特别是在讲授国际经贸专业实务课程过程中,始终以案例贯穿教学,并且通过长期积累,逐渐形成适合相应课程的案例教学体系。具体在教学内容上,每个章节都根据讲课进度安排案例,而对于案例也采用进阶式方法展开,即通过开篇导入案例来展开要讲授的内容,一方面可以让学生对所讲授的内容的基本应用点有所理解,另一方面也使学生带着问题去学习,目的性与主动性都有所提高。随着课程内容的深入与展开,也安排恰当的案例来深化教学内容或应用相应的案例对课堂教学内容进行总结。对于每一个案例,基本上遵循了解、分析、小组讨论、自由发言、教师总结等环节逐级深入,层层递进;从而使学生对国际经贸的相关理论理解直观化及相关操作明确化,进而达到灵活运用的程度,不断提高学习效果。此外,在授课过程中有意识的指导学生有选择地阅读或观看一些案例,这些案例主要是基于学校所在省市的实际情况,使学生们在了解这些案例后不但对授课内容有更好的掌握,而且学生感受到书本知识与实践的距离并不遥远。

2. 运用项目式教学

在实施项目式教学过程中,学生自由组成项目小组,由小组成员推举组长,然后在组长的带领下搜集并甄别与国际经贸专业实务课程相关的中外文内容进行分析,具体分析的形式不限;接下来,项目组的组长对所选的分析内容进行分解,将任务派给小组成员,由每位成员完成相应的任务。然后,由小组成员共同制作幻灯片到课堂上进行演示。当一组成员在演示时,其他同学进行提问,由上台演示的学生进行回答,根据提问的数量与质量及回答问题的数量与质量对项目组进行考核。即选出提出问题最多的小组及回答问题最多的小组为最优,同时选择表现最佳的学生。由于学生自始至终都与小组同学紧密协作,所以在掌握专业知识的同时增强了学生的团队合作意识。此外,有些学生们选择外文材料进行分析,从而锻炼了运用英语分析问题的能力。

图 13-1 至图 13-5 为学生在做进出口业务模拟。

图 13-1　准备中

图 13-2　团结就是力量

图 13-3　舞动的青春

图 13-4　活泼的课堂

图 13-5　专注的样子令人感动

3. 拓宽双语教学

对于国际经济与贸易专业的学生来说,英语运用能力是一项基本的能力。但是该项能力的培养需要日积月累,多门课程相互衔接形成合力才能实现。然而,根据课程的性质与特点,并不是所有课程都适合双语教学。所以在讲授专业课程时可以采用一些灵活的方法拓展双语教学,如采用一种半双语式的教学方式,即教授学生主要专业词汇的英文译法与用法并通过英文案例加深学生对这些词汇的理解;指导学生有意识地积累专业词汇,随着课堂教学进度逐渐深入,学生的专业词汇量同步提高。此外,对于实际业务中经常使用的以英文形式表述的各种单据则直接用英语讲解,从而缩短实际业务与课堂教学的距离。

4. 引入理科教学法

文理课程最大的区别在于文科的课程注重讲述,理科课程则重视演示与操作。在国际经济与贸易专业实务的授课过程中,主讲教师创新性的将讲授与多种形式的演示与操作进行有机的结合。如在《国际贸易实务》课程的授课过程中,当讲到"运输标志",即"唛头"的相关内容时,首先将企业在实际进出口业务中所使用的"运输标志"带到课堂上来演示,让学生们了解"运输标志"的基本内容;然后再讲授国际标准化组织所倡导的"运输标志"所包括的主要内容及标识相应内容的必要性及方便性。最后,要求学生们根据老师给的内容自己设计"运输标志",通过分析学生在设计"运输标志"中出现的问题来加深学生对"运输标志"的理解,同时引导学生掌握"运输标志"设计过程中的技巧。实际上,国际经济与贸易专业实务课程,如《国际商务单证》《国际运输与保险》《报关实务》《国际结算》等均可恰当借用理工类课程的授课方法,通过演示、体验、操作、反思、回顾等环节,通过这些既看得见又摸得到的实物,学生们不但了解了实际情况,而且从中获得了一些平时难以接触到实践经验,提升学生的学习能力与运用能力。

5. 融合科研思想于教学中

教学与科研实际上是相辅相成的,科研工作应当服务于教学工作,而教学工作又应当反哺科研工作。经过系统的大学教育,本科毕业生应当具备一定的科研素养,因此,尽管国际经济与贸易专业课程本身具有很强的实践性,但是并不表明这些课程的教学与科研无关,如果将科研课题渗透到教学过程中,对课程进行合理的设计,同样可以提高学生从事科研工作的能力。在进行专业课程建设过程中，主讲教师团队将以往做的科研课题或者其他专业的研究项目穿插在教学内容中，如在讲授"国际运输与保险"课程时将"现代物流运营新模式——甩挂运输""双重运输"等实践创新模式渗透到教学内容中，在讲授"国际贸易实务"课程时将报关、报检、制单、结汇等环节以外贸服务供应链的形式进行讲解等等，使学生站在更高的角度理解所学的专业知识。通过这种课堂教学方式，学生不但掌握了从事专业研究的基本技能，而且还对企业中的创新性做法有了全面的掌握；教师再加以启发引导，能使学生的专业能力及专业素养得以提升。

6. 搭建服务教学的信息平台

网络平台可以为学生提供丰富的教学资源，如电子课件、相关案例分析、教师布置的作业及教师提供的阅读材料、网上试题库、习题库、自测系统等。此外，网络平台让学生们可以进行自主学习，学生们既可以利用开放的大系统，也可以利用针对课程的小系统进行有意识、有选择地学习。当然，网络更是为学生与老师、学生与学生之间提供了一个互动交流的平台。在国际经贸专业课程教学过程中，搭建服务于教学的信息平台，然后引导学生充分利用信息平台并且收到切实的效果是一项非常重要又艰巨的任务。

三、基于 CDIO 的进阶式课堂教学模式人才培养能力指标体系研究

通过文献法、调研法及专家访谈法等多种方法建立能力指标体系。首先，设计能力指标体系调查问卷，运用经济学与管理学软件对有效问卷进行定性及定量分析，进行能力指标的采集、分析与整理，获得准确的能力需求反馈信息，在此基础上建立初步的能力指标体系。接着，向有关教育专家进行咨询或组织专家小组对初步的能力指标体系进行讨论。然后组织在校大学生对有关能力指标进行辩论，充分听取学生意见。再回访调研单位，并就能力指标体系进行

再调研，多方听取意见，确定能力指标体系。最后经校内外专家研讨确定，外经贸业专业管理人员职业能力结构体系包括了通用能力和专业能力两大部分，如表 13-1 所示：

表 13-1　国际贸易实务课程职业能力体系表

能力分类		成果目标能力
通用能力	基础能力	自律、自我管理能力
		语言表达与非语言表达能力
		团结协作能力
		计算机操作能力
		自我保护与健身能力
	学习能力	接受、运用信息能力
		发展与创新能力
专业能力	专业基础能力	市场调查研究能力
		国际市场拓展能力
		国际贸易经营与管理能力
		国际贸易业务组织能力
		贯彻国际贸易法律法规能力
		国际市场资料管理能力
	专业技术能力	国际商务谈判能力
		国际贸易预决算编制能力
		外贸单证制作能力
		报关基本业务能力
		国际贸易业务实施能力
		简单国际商务活动策划能力
	专项操作能力	20 主要岗位操作能力

四、创新教学环节

在国际经贸及港口物流人才培养过程中,基于 CDIO 的进阶式教学方法主要运用于国际经济与贸易专业实务课程的教学及实践环节。在实际运作过程中,我们首先根据国际经济与贸易专业实务课程的授课内容、课程前后衔接度及教学目的等因素甄别出国际经济与贸易专业实务课程群的具体课程:"国际贸易实务""国际商务单证实务""报关实务""国际结算""国际货物运输与保险"。然后通过教学研讨、集中备课等形式组织相关课程的授课教师共同研讨教学大纲,明确专业课程群内每一门课程的教学目的,从而确定课程的核心讲授内容,避免了课程之间的重复,保证课程之间能够有效衔接。在此基础上,教研团队共同构思并设计具体的 CDIO 的进阶式课堂教学环节并在每一门专业课程的授课过程中实施及运行。基于 CDIO 的进阶式教学方法遵循由浅入深,循序渐进的科学规律,运用课堂教学模式,通过引入、引导、联系实际有目的性的逐级进阶式提升学生的专业能力,其具体运作过程体现在以下几个方面。基于 CDIO 的进阶式教学方法的具体运作过程可总结为图 13-6 所示环节。

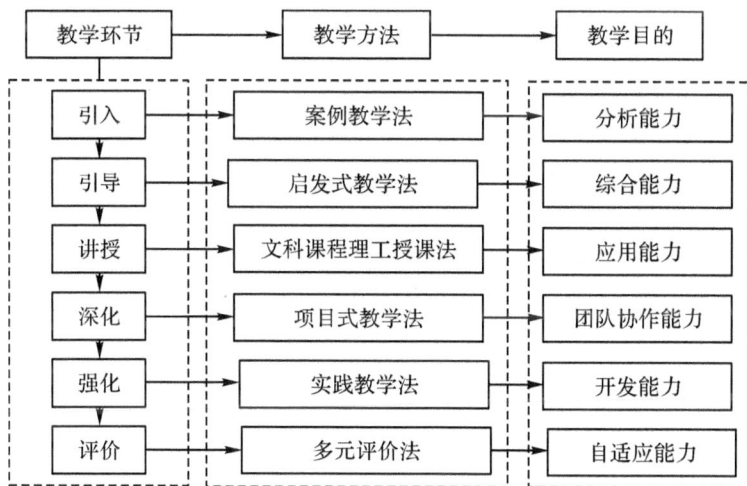

图 13-6　基于 CDIO 的进阶式教学方法的运作过程

（一）案例引入

甄选与国际经济与贸易专业实务课程直接相关的实际业务案例，简述案情背景，案件经过及所产生的后果；同时结合授课教师在从事外贸业务中的亲身经历，让学生了解本部分专业知识在实际业务中的重要性，从而启发学生认识学习本部分专业知识内容的必要性。如在讲授"国际贸易实务"课程中合同包装条款时，通过中国某工厂从美国进口生产用零部件，由于包装尺寸问题无法及时收到货物最后致损却无法得到赔偿的实际案例来启发学生：进出口业务中包装的重要性及包装条款上升到合同主要条款的必然性；同时在案例引入的过程中指导学生如何学会系统性的分析问题。

（二）要点引导

在进入课程内容讲授之前，首先明确指出本部分课程内容的知识要点以引导学生有目的且思路清晰地进入知识学习阶段。在讲授每一个知识要点前，首先提出问题，让学生根据现有知识来思索，从而引导学生去发现、探究或解决问题，提高学生对问题的综合分析能力。如在讲授"国际贸易实务"课程中的国际贸易术语之前抛出问题：在进出口业务中买卖双方在签订合同过程中磋商的焦点在哪些方面？从而引出国际贸易术语产生的原因及在进出口业务中的作用，自然导入本章学习内容。

（三）实际为据

在实际进出口业务中，国际经贸专业实务知识日新月异，更新速度快。这要求授课教师在传授知识过程中能够跟上时代的步伐，将新知识及时补充到课堂教学内容中去。因此，授课教师需要定期深入进出口公司及生产企业了解并掌握进出口业务中的最新动向，并对相应的新形式及新做法进行甄别、提炼，以适合课堂教学的形式加以传授。此外,要坚持知识服务于实际业务的原则,基于实际业务流程及做法讲授专业课程内容。

(四)科研深化

学生的科研素养不但是区分学位制教育与职业教育的一项标准,也是学生应用开发能力与创新能力的重要体现。因此,在课堂教学过程中,当完成每一章节的教学内容后,授课教师选择具有分析性且适合课堂教学的科研项目内容植入课堂教学过程中,学生通过项目小组的形式,经过分析论题、搜集资料、实际调研、制定方案、提出议案等逐级递进的方法回顾课堂讲授内容,达到知识向能力转化的目的。以制定科研项目方案、提出具体解决措施等形式让学生在消化教学内容的同时深化专业知识。

(五)实践强化

学生的实践能力在一定程度上决定了学生对未来工作的适应能力与适应速度,因此,只有通过实践强化已经学过的专业知识才能实现高校与企业的无缝对接。在国际经济与贸易专业实务授课过程中,通过请学生自行设计国际货物买卖合同内容、选择特定商品借助电子商务平台进行交易,或者模拟进出口业务流程或在实验课上制作外贸单据等实践形式,强化学生的外贸专业技能。同时通过产学研合作形式不断拓展校外实习基地,为学生提供更加广阔的实践空间,培养和提高学生进出口业务的实际运作能力。

(六)多方评价

在国际经济与贸易专业实务课程的考核过程中,坚持评价主体与评价方式多元化。高校教师、高校学生、专业研究人员及企业实践工作者均可作为评价主体,从而保证评价的客观公正性。不断改革考核方法,突破考试、教材和教学过程中的种种限制,努力培养学生的专业创新能力。首先要改革考核方式。学生的成绩通过课堂讨论、课后作业、实验技能、科研素养及期末测试等多种评价形式综合决定。考试改革的方向是形式要灵活、次数要增多、管理要严格,通过全面、丰富的考试内容,全过程、多形式的考核方式,达到对学生知识、能力、素质的综合考察,形成对学生客观公正的评价,引导学生自主学习,不断提升自适应能力。

五、改革教学内容

根据国际贸易中出现的新惯例、新做法对原教学内容进行调整。教学增加了国际商会制订的《2010 年国际贸易术语解释通则》的内容,对当今国际贸易中新出现的交易工具、交易手段进行补充。据此,我们对教学大纲进行补充和完善,形成了新的、满足目前教学需要的教学大纲。接下来,根据外贸电子交易的需要,更新教学内容,根据当前进出口交易中出现的实际案例,编写并翻译成英文补充到教学内容中,这保证了教学内容的先进性与时效性。课堂教学内容改革沿着理论教学与实践教学两条主线进行,按照实践教学与理论教学既是相互联系、又是相对独立的两个子系统进行设计,提高实践教学在整个教学内容中的比重,使其形成一个相对完整而又与理论教学相互契合、相互促进的体系。

在教学内容的讲授上,遵循教材但不拘泥于教材。教学离不开教材,教材是教学的依据。但现有的教材内容多是肯定的、结论性的东西,让学生毫不怀疑地接受教材的观点无疑不利于学生创造性思维的发展。因此,教师在授课时,针对教材中的一些有争议的观点提出问题让学生思考,鼓励学生敢于向教材挑战,允许学生对教材的观点产生疑问,不唯上,不唯书,只唯实,打破常规,突破传统观念和思维定式的束缚,提出新观点并运用新方法、新思路解决问题,这样有利于培养学生的创新能力。

六、改革教学方法

教学方法是教学活动的基本要素,是增强教学效果和提高人才培养质量的重要手段。要点讨论教学法不仅重视知识的传授,更重视引导学生积极探索新事物、努力发现问题和解决问题,重视培养学生的观察力、分析能力和创造力,发挥学生的独立性。这种教学法使他们在理解知识的基础上,掌握科学的思维方法和创造性活动的经验、特点和程序,以达到提高学生独立研究问题能力的目的。为此,我们在课堂上实行"要点引导讨论教学法":在讲授每一个知识要点前,先提出问题,让学生充分讨论,引导学生去发现、探究或解决问题。

案例教学和实验教学是以增强学生的实践动手能力为目的。对于国际经济与贸易及物流管理等专业的学生来讲,实践能力包括表达能力和操作能力。表达能力又分为口头表达和书面表达。操作能力是指完成一定任务的技术能力。实验教学是通过实验手段提高和培养学生处理实际工作的能力。通过外贸软件,我们将贸易的整个过程移到网上,使学生有一种身临其境的感觉。在实验过程中,学生可以根据交易的需要,拿出自己的解决方案,只要是可行的都予以鼓励,特别是对那些有自己独到见解的方案更要积极支持。实际上,这样的教学过程充分发挥了学生的主观能动性,调动了他们学习的积极性,学生的主体地位得到了表现。学生在认识发现中不断加深对教学形式和内容的感知、记忆、思维、想象,形成一定的经验,实践动手能力得到了锻炼。

不断开拓研究性教学及项目教学等教学方法,让学生参与教师项目;从省市及学校的创新项目入手,通过项目的构思、设计、实施、运行等流程,完成教学内容,提升学生的综合素质。在教学过程中,通过多种方法的综合运用淡化教学过程管理,创造轻松的教学气氛,尊重学生的个性。创新教育从根本上来说是一种重视人的主体性,弘扬人的主体精神,以人的发展为本,注重发展人的创造性的教育。因此我们在教学活动中要以学生为主体,尊重学生人格,注重学生个性发展,充分调动学生的非智力因素。非智力因素主要包括理想、情感、意志、性格、气质等,这些因素虽然不直接参与学生的认知和学习活动过程,难于改变学生的智力水平,但它们是学生智力活动的精神支柱和学习过程的动力系统。因而可以借此调节教学活动,使之顺利地进行。正如契诃夫指出的那样:"教学法一旦触及学生的情绪和意志领域,触及学生的精神需要,这种教学方法就能发挥高度有效的作用。"

七、加强师资队伍建设

加强师资队伍建设主要从培养和引进双师型的教师入手。首先就教师岗位任职资格进行详细的说明,订立一定的标准,鼓励现职教师取得相应的职业资格证书。并每年选派教师脱产到外经贸企业工作一至二年,保留教师在学校的相关待遇。招聘教师时,对于申请人员的工作经验和实践操作能力做严格的要求。其次,改革现有的管理模式,进行师资团队化管理与运作;调整师资团队,使同一师资团队内的教师具备多学科背景相整合、实践经验与学术素养兼备等特点。再次,分析团队构建方式,确定师资来源,明确选择标准,设计合理的师资团队激励机制。

八、设计评价指标体系

设计课堂教学模式主体指标体系,监控课堂教学过程,实现人才能力培养的实际结果与期望之间的对接。改革主要从以下几个方面展开:首先,确定评价方法与评价功能,坚持定性与定量评价方法相结合、激励与调控功能相结合的原则;其次,分析评价内容,主要包括教师教学能力、教师教学特质、教学材料与课程负荷等;最后,界定评价主体,包括高校教师、高校学生、专业研究人员、企业专家等。

（本案例由原作者宁波工程学院郭春荣副教授提供）

基于 CDIO 教学模式的课程教学创新与改革

——以"国际运输代理实务与法规"课程为例

引 言

本案例来源于《商场现代化》,2014 年 9 月,第 25 期。曾获校级课堂教学设计与创新项目资助。

"国际运输代理实务与法规"课程是物流管理专业(港口物流方向)核心课程,是培养专业核心能力的课程之一。通过分析国内物流管理专业"国际运输代理实务与法规"课程教学的现状,深入剖析其中存在的问题,提出以物流卓越人才培养为导向,创新与改革基于 CDIO 教学模式的"国际运输代理实务与法规"课程的教学,以提高该课程的教学效果,推进课程教学与实践的创新和改革。

高等教育人才培养模式改革是当前社会和高校探讨的热门问题之一。以培养应用型创新人才为办学目标的地方新建本科院校,如何建立应用型创新人才培养模式,实现应用型创新人才培养目标是其必须明确的首要问题。随着我国现代物流业蓬勃发展,物流管理专业教育面临着新的发展机遇也面临着新的挑战。很多高校认识到发展应用型创新人才教育既是区域社会经济发展的要求,也是教育发展的要求。如何全面深化物流管理专业教学改革,以卓越工程师培养为契机,培养社会和企业真正需要的物流管理应用型创新人才,是地方新建高等院校物流管理专业当前急需进行深入研究和探讨的问题。

CDIO 教学模式是近年来国际工程教育改革的最新成果。从 2000 年起,麻省理工学院和瑞典皇家工学院等四所大学经过四年的探索研究,创立了 CDIO

工程教育理念。CDIO 是指 Conceive-Design-Implement-Operate（构想—设计—实施—操作），已成为国际上较流行的一种教学方法。创新能力提升和实践问题解决是物流管理专业应用型创新人才培养最为核心的基点，物流管理专业应用型创新人才培养应以问题解决与创新为主要实现目标。基于 CDIO 的教学模式是"做中学"原则和"基于项目的教育和学习"原则的集中体现。它鼓励让学生主动参与、应用理论知识解决实践问题，为"国际运输代理实务与法规"课程教学提供了新的方法和手段，是一种倡导"教、学、做"一体的新型教学模式。将这种工程教育思想贯穿课程教学改革，对构建理论与实践相结合，服务与市场相结合的物流管理专业应用型创新人才培养体系有积极推进作用。"国际运输代理实务与法规"是物流管理及相关专业一门重要的专业基础课，是物流管理学科的核心课程之一，对于物流卓越人才的培养具有基础性的重要作用。为此，本研究将在充分总结与分析国内外有关 CDIO 教学研究和实践的基础上，探索按照 CDIO 的教学理念和教学模式创新和改革"国际运输代理实务与法规"课程教学。

一、"国际运输代理实务与法规"课程教学现状与存在问题

从目前国内许多高校物流管理专业的教学现状看，问题主要体现在：

①教学过程往往偏重于理论，导致实际的教学目标变成知识而非能力；

②以教师讲学为主，学生扮演配角，学生的积极性不高。教学仍采用"教材＋黑板＋考试"的模式，教学围绕老师而进行。教学所提问题很多是教师为了方便引导新知识而精心加工出来的，缺乏实际价值，学生只是单纯为了应试而学习，难以培养学生发现问题、分析问题、解决问题的能力；

③为了教学的方便，学习内容往往被分割，缺乏系统性；

④教学内容与现实的联系不够紧密。教材中所呈现的理论与案例与现实相比有一定滞后，难以及时跟进最前沿的科学成果与最新的商业事件，难以与

实际生活相结合。综上所述,这些问题的存在使学生缺乏主动性、积极性,妨碍了学生创新能力的培养,形成了教多少、学多少,怎么教、怎么学,不教不学的局面,导致学生的思维被束缚,难以对所学知识产生兴趣,更不用说探究新的领域或对根本不具备固定答案的商业问题提出新的解决思路与方案。

二、基于CDIO教学模式的"国际运输代理实务与法规"课程教学创新与改革

(一)课程教学创新与改革目标

以培养高等学校本科物流管理专业学生的应用型创新能力为根本目标,制定出符合此培养目标的"国际运输代理实务与法规"课程教学大纲,基于CDIO教学模式改革课程的教学设计理念和思路、教学内容、教学方法、教学手段和教学资源库建设,构建基于CDIO教学模式的集"教、学、做"为一体的新型教学模式。

为保证上述目标实现,课程教学创新与改革实施中应遵循如下原则:把培养与发展物流管理专业学生的应用型创新能力放在第一位;教师传授、指导与学生自学、自研相结合;教学手段优化组合,合理使用;坚持以应用型创新能力评价为主的多元化评价。

(二)课程教学创新与改革内容

教学的目标导向与实施方式影响着教学的实际效果,体现了教育理念和教育实践的变化。以应用型创新人才培养为导向,将问题解决与能力培养作为课程教学建设的核心,进行该课程教学的全面改革与实践。具体改革内容主要有以下四方面:

1. 进行培养目标导向的改革：以学生的应用型创新能力培养与提升为核心

在现有的国际运输代理基本概念与基本理论的基础上，打破原有以不同管理过程与内容构成的方式，以国际运输实践问题作为教学单元，使学生的学习更加既有理论根据也更加贴近实践。课程教学改革围绕物流管理人才所需的应用型创新能力为中心而开展，尝试从两方面来实现学生应用型创新能力的形成与提升：①组织自助式学习，应用型创新能力的形成必须通过不断地试错学习。通过布置学习任务，让学生独立地去收集资料，去发现问题、分析问题、解决问题；②研讨小组的互动，结合学习任务，组织学生以任务小组为单位，通过团队互动、共同努力来解决问题。

2. 进行课程教学内容的改革：以国际运输实践中出现的核心问题为基本成分，重新构建教学体系

在教学知识与能力的培养方面，以解决问题为出发点，促进学生对现有的国际运输理论和国际运输实践的掌握。改变现有教学往往针对某部分知识和实践环节进行教学而带来的系统性不足，提升学生解决问题的能力。通过对于现实问题以及案例分析的引导来进行相关理论与知识的学习、归纳与总结，让学生通过亲身体验来学习和检验理论知识，注重学生感性认识以及理论联系实践的培养。通过企业案例系统深入地剖析，实现对国际运输基本原理、具体知识与方法的总结，提升学生的思维能力。

3. 进行课程教学方式的改革：注重以实践问题解决与创新的教学手段

除了基本的理论与知识的讲授，重点增加两种教学方式：①《国际运输代理实务与法规》核心内容的实战模拟。让学生扮演公司总经理以及各职能部门的高级管理人员，根据现代企业管理和国际运输知识，对公司业务的经营做出一系列决策，并与其他商战模拟参加者扮演的虚拟公司竞争，通过虚拟实战与交

流,整合学生的知识,进而提升学生的创新能力;②对本地企业案例系统深入的剖析与战略规划的分析。直接从实际问题入手来组织教学,让学习融入问题的解决与团队合作过程中。这样一方面可以发现学生知识学习、运用上的问题,另一方面可以激发学生的独特个性与才智。在老师的引导下,学生发现并分析问题,自主查阅报刊资料及公司报表、经济数据,和其他同学、老师交流,通过自己对问题的讲解,加深对知识的理解及应用,增强创新能力。

4. 进行课程考核形式的改革:注重学生应用型创新能力考核

学生的考核不应只限于考试成绩,还应包括多方面能力,从而激励学生提高自己的综合水平。除了采用传统的闭卷考试方式,还可以采取以下的考核内容和方式:①实际企业的案例分析;②模拟情境分析与知识答辩。

三、基于 CDIO 教学模式的"国际运输代理实务与法规"课程教学创新与改革实施方案及方法

依据上述课程教学创新与改革目标和原则,按照"国际运输代理实务与法规"课程教学创新与改革内容,制定如下实施方案和方法。

(一)课程教学创新与改革实施方案

"国际运输代理实务与法规"将课程教学创新与改革的计划实施分为三个阶段:

1. 实施前阶段,主要有以下几方面的工作:①课程教学目标、教学大纲、教学内容、教学形式的改革、确定与探讨;②课程教学案例的选择;③课程教学实战模拟的规划;④现实企业案例的选择、提炼与分析;⑤参与课程教学的专家与企业家的人选确定。

2. 实施过程阶段,主要有以下几方面的工作:①课程教学计划改革与实施;

②课程教学效果的过程监控、评价与反馈;③课程教学改革经验的总结与研讨。

3.实施后阶段,主要是课程教学改革实施效果的研讨与分析。

(二)课程教学创新与改革实施方法

课程教学创新与改革的实施方法主要涉及三方面:专家、企业家的访谈;案例分析;问卷调查。教学开展的主要方法有案例讨论、现场操作、模拟练习、国际运输游戏、竞赛、角色扮演、心理测试、团队活动等。

四、结论

在充分总结与分析有关教学改革基础上,探讨了基于 CDIO 教学模式的"国际运输代理实务与法规"课程的教学改革与创新,实施的主要流程如图 14-1 所示。本课程教学改革与创新研究不仅能够克服现有课程教学的不足,更好地培养现代的物流管理应用型创新人才,同时也能为其他管理类应用型创新人才培养的建设与改革提供借鉴。

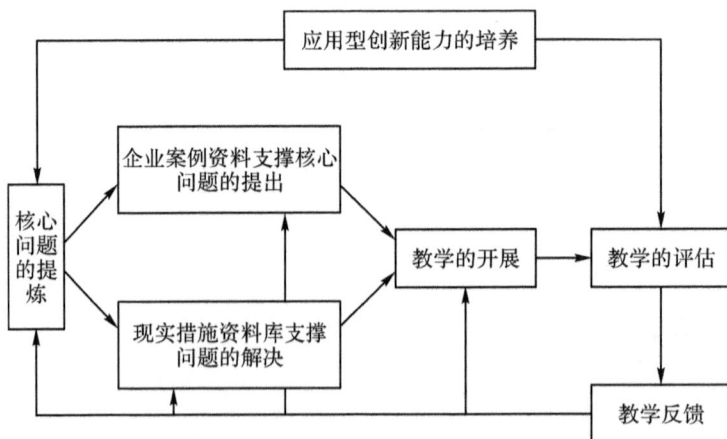

图 14-1　课程教学创新与改革方案实施的主要流程

参考文献:

[1] 郑晓奋.本科物流管理专业应用型人才培养模式研究[J].高校教育工程,2010(5):127-130.

[2] 李开.高校物流管理本科专业课程体系建设存在的问题与对策[J].物流工程与管理,2009,31(3):148-149.

[3] 孙建华.基于创业型人才培养的物流管理专业课程体系研究[J].物流工程与管理,2010,32(5):161-162.

[4] 张红丽.面向应用的物流管理本科专业课程体系设置研究[J].物流科技,2011(8):16-20.

[5] 张永康,莫纪平.协同创新,探索人才培养的有效机制[J].高校教育管理,2012,6(4):4-6.

[6] 王海建.基于协同创新思想的创新型人才培养[J].扬州大学学报(高教研究版),2012,16(5):38-41.

（本案例由原作者宁波工程学院赵亚鹏教授提供，

宁波大学应葳教授参与研究）

基于启发式教学的"运输地理"课程改革

引　言：

本案例来源于《宁波工程学院学报》，2012 年 12 月，第 24 卷第 4 期。曾获校级课堂教学设计与创新项目资助。

基于物流管理专业对"运输地理"这门课的培养要求，本案例提出了当前"运输地理"教学中存在的课程大纲分块生硬、教材内容相对陈旧、教学过程中忽略了"地理"类课程所需的动画视觉冲击以及课堂缺少对学生想象力的引导等问题，提出了一套以启发式教学为指导思想的理念，期望通过对课程大纲的修订，课件制作的创新，课堂形式的变化等一系列方式，激发学生的学习兴趣，为将来专业核心课程的学习打好基础。

现代物流业是促进宁波市经济发展的一个支柱产业。优越的物流业发展背景和迫切的物流转型需求，使宁波市需要大量的物流人才。培养高能力、强技能的物流管理专业本科生是促进宁波市物流转型的重要途径之一。

运输地理是一门从地理学角度研究交通运输的科学，涵盖了世界港口、贸易和运输等多方面内容，涉及世界经济、文化和自然资源等多方面知识，知识面广且信息量大。据从业人员反映，运输地理是从事货代、租船业务的实践中最具实用价值的课程之一。另外，运输地理也是一门重要的专业基础课，学生对这门课的掌握情况决定了将来学习"国际航运实务""港口物流管理"等专业核心课程的吸收效果。

一、授课对象和课程目标

基于运输地理广而不深的学科特点,其授课对象为物流专业大一新生。新生的特点一是专业基础薄弱、知识储备少。他们的学科基础仅仅来自实际生活中对物流运输的一点体验,以及高中学过的一些地理知识。因而只能学习较为浅显易懂的内容,无法适应那种需要系统知识的复杂课程。特点二是对学习的好奇心强,专业可塑性强。相对于高年级学生,他们在课堂上表现活跃、响应度高,有较高的学习热情,是进行专业兴趣激发和方向引导的最好时机。

作为面向物流管理专业学生的第一门专业课程,运输地理承担着其独特而重要的任务。一方面,要使学生掌握我国水路运输地理、国际海运地理、国际主要港口及航线、国际经济及货源形成情况等基本内容,为他们打下坚实的专业基础;另一方面,要能引导学生的专业学习兴趣,培养探索精神和团队协作能力,激发他们对物流管理专业的热爱。

二、当前教学中存在的问题

"运输地理"在物流专业学习中的重要性显而易见,然而在目前的交通运输地理课程教学中存在着如下不足,以致无法达成预期目标:

1. 课程大纲未考虑到学生的接受能力

系统的知识传授对于有一定专业基础的高年级学生来说是十分必要的。但对于刚进校的大一学生,过于精细和全面的教学往往无法引发他们的专业兴趣。当前的教学大纲以运输方式为分类方法,将整个课程分为六大模块,每个模块分以一定的课时。但在实际教学中能发现,有些模块的思路和知识非常类似,完全可以合并讲解;而有些模块内容繁多,需要补充大量的课外知识才能使学生有效记忆,应该分配更多的课时。

2.教材内容相对陈旧,理论与实际脱节

当前可使用的教材因专业性强,可选性不多。传统高校使用的教材,虽然内容丰富,但出版时间相对较长,内容有了一定的脱节(主要原因在于:我国交通运输布局发展较快,地理要素变化及数量统计更新也较快,一般教材编写跟不上)。这几年世界交通状况发生了许多变化,部分新兴港口在教材中并未涉及;我国国内交通布局更是有了重大改变,例如各地高铁的兴起,公路网的扩充等等,这些在教材里难以体现。

3.教学以文字为主,忽略了课程所需的视觉冲击

受篇幅和形式所限,课本通常以文字为主,图片很少;受课程建设时间和资源的限制,教师PPT的制作也往往只是罗列一些简单的国内外地图作为教学的辅助。这种教学现状无法激起学生的兴趣,也不能帮助学生在脑海中建立一个完整的世界地理体系。丰富的地图是地理类课程的灵魂,缺少鲜明而富有逻辑的动画组织,学生难以把握课程的精髓。

4.缺少对自主动手的引导,不利于培养想象力和创新能力

在我国教学中存在着一个普遍性问题,就是单向的填鸭式教学。事实上,这种教学模式在交通运输地理教学中的弊端尤为明显。交通运输地理是一门广而不深的学科,只有以引导学生自主学习为主、教师传授为辅,抛弃传统的单向授课,鼓励学生相互交流,才能使学生进入学习状态。

三、课程改革思路与措施

教学中出现的问题,根源在于传统的注入式教学带来的弊端。这种教学方法强调教师想要学生知道什么,而忽略了学生想要学什么。于是教学内容过度

追求全面、系统和精确,教学形式偏重于单纯的信息灌输。这实际上是迫使学生"用别人的眼睛去看,用别人的脑筋去使自己变聪明",难以达到良好的教学效果。要使教学能达到增长学生见识、培养学生能力的良好效果,必须要有效地将"学生喜欢学什么"与"学生应该学什么"有机地结合起来,依据学习过程的客观规律,重视学生的兴趣点,引导学生主动、积极、自觉地掌握知识,即采用启发式教学。

1. 课改理念

针对本课程在专业中重要的学科地位以及授课对象基础薄弱、学习意识强的特点,"运输地理"的课程改革将坚持以下理念:①以启发式教学为指导思想,建立一套尊重学生的学习规律,能引导和调动学生积极性的教学大纲;②以"学生兴趣为切入点,课程要求为侧重点,自主探索为带出点"为执行原则,确保每堂课的充实性;③以"教学结合、师生互换"为突破点。实行课堂教学与课后自主学习相结合,培养自主学习能力和终身学习理念,为学生的可持续发展提供良好的基础和保障。

2. 教学大纲的修订

旧大纲将整个课程分为海上运输地理、铁路运输地理、公路运输地理、内河运输地理、航空运输地理和管道运输地理六大部分。这种模块教学条理清晰,利于学生把握脉络,但往往忽视对知识本质的把握。为了体现课程的启发性,整个课程体系大纲的制定均要从学生的思维特点出发。归纳起来,基于启发式教学的"运输地理"课程教学大纲的修订应从以下四个方面着手:

①铁路网布局与公路网布局两者是息息相关的,它们均与网内城市的政治、经济地位有着极大的关联;公路网尤其是高速公路网对铁路网起着有效的补充作用;我国铁路网中的"八横八纵"极易与中国高速公路网中的"7918网"混淆。应将两者结合起来、比较学习,这样更能加深印象。

②海上运输地理是整个课程的重头戏。当前的教学是按照"海上运输概述→国内主要海港→国际航线分布→主要国际港口"的思路在讲解。但事实上,

由于这部分内容充斥着大量错综复杂的货流航线和许多大大小小的港口，如果缺少逻辑组织，不用趣味性的内容加以辅助和引导，会像记忆一堆排列无序的线条和网点一样枯燥。而如果首先介绍全球资源分布状况、世界经济格局，让学生了解哪里穷哪里富、哪里需要什么哪里盛产什么，货物的流动便有了动因，这一系列的航线就不再显得杂乱无章了。在这样的逻辑指导下学生便能学得开心、记得牢固。因而应在海上运输地理中加入一定量的课时，用于讲解世界经济地理，做好铺垫，避免学生将时间大量浪费在死记硬背上。

③内河运输地理与海上运输有一定的关联性和类似性，国际上大的港口往往都是内河入海处的港口。为遵循学生思维的连贯性，可以将内河运输嵌入到海上运输地理中学习，并依照以下逻辑进行串联：欧洲著名港口和大航线→欧洲内河网络对海运的促进→欧洲主要内河→内河运输概论→中国主要内河发展状况（从内河网发达的欧洲地区切入）。这种具有逻辑关联性的教学思路，有利于学生对知识的全方位把握，提升他们的分析能力。

④航空运输地理和管道运输地理内容较为简单，而综合运输地理中的内容学生将在高年级的"多式联运"等课程中进行详尽地学习，所以这三个部分的课时可以缩减。

图 15-1 是当前的大纲框架，图 15-2 是修订后的基于启发式教学的课程大纲框架，供参考。

3. 课件制作的创新

多媒体课件是老师进行教学和引导的依托。课件的内容组织方式决定了学生在课堂上的思考逻辑路线；课件的制作风格能极大地影响整个课堂的师生互动氛围。一份好的课件是教学有效进行的保证。要体现出启发式教学，要使"以学生兴趣为切入点，以课程要求为侧重点，以自主探索为带出点"的课堂思路得以有效执行，课件一定要是专业性和特色性、趣味性与知识性的有效结合。具体到"运输地理"这门课中，课件应具备以下特点：

①地图丰富，动画有趣。地图是地理类课程的灵魂，"运输地理"课程想要达到的效果之一就是让学生在头脑中形成一个完整的空间架构。传统的文字

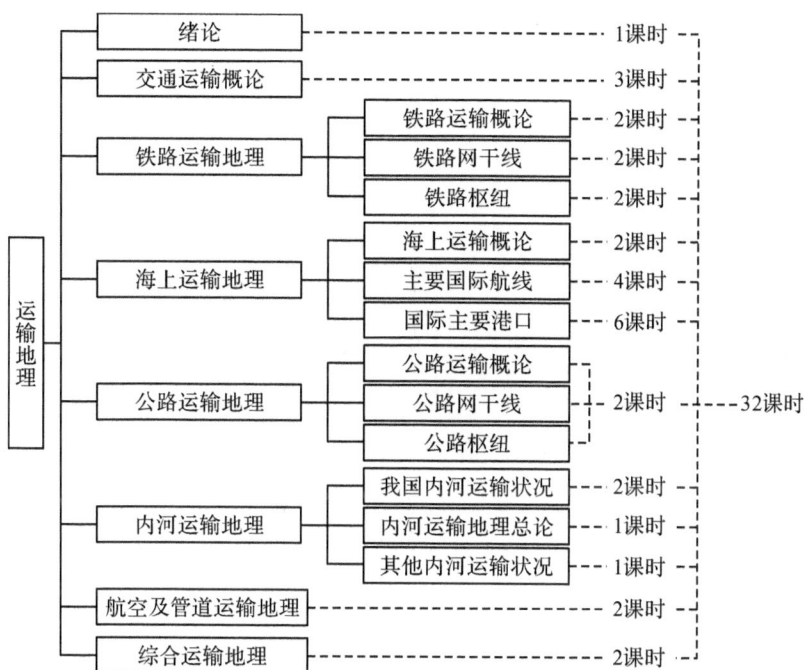

图 15-1　当前大纲教学框架

性叙述和单个的地图并不能有效地刺激学生的空间想象力。例如在国际主要航线这一部分内容中,传统的课件只是简单地展示港口与航线的图片,由于缺少动感而无法引导学生边学边想。而在富于动画的课件中,每一条航线从起点港到途中跨过的每一条航线再到目的港的走向都能动态地体现出来。航线一边流动的同时,教师可相应地加以说明和讲解。动画地引入有效地模拟了船在大海中航行所走过的路线,这能使学生记忆深刻、学得开心。

②创设问题环境,激发学生主动思考。启发式教学一定要有教与学的互动。多媒体课件的创新利用是促进教学互动的有效手段。例如,在学习公路运输地理中时,每遇到一个与铁路运输地理类似的部分,可以先在屏幕中出现一个问号,要求学生举一反三,从铁路的情况推导到公路中来,之后再演放出实际内容。这种提问式的教学能加强学生对知识的记忆,并提高学生的分析能力。以下是绪论课中的一张 PPT,意在让学生带着问题来观看链接的趣味视频。

③重视课件内容的逻辑性和连贯性。零散的信息不利于记忆,启发式教学

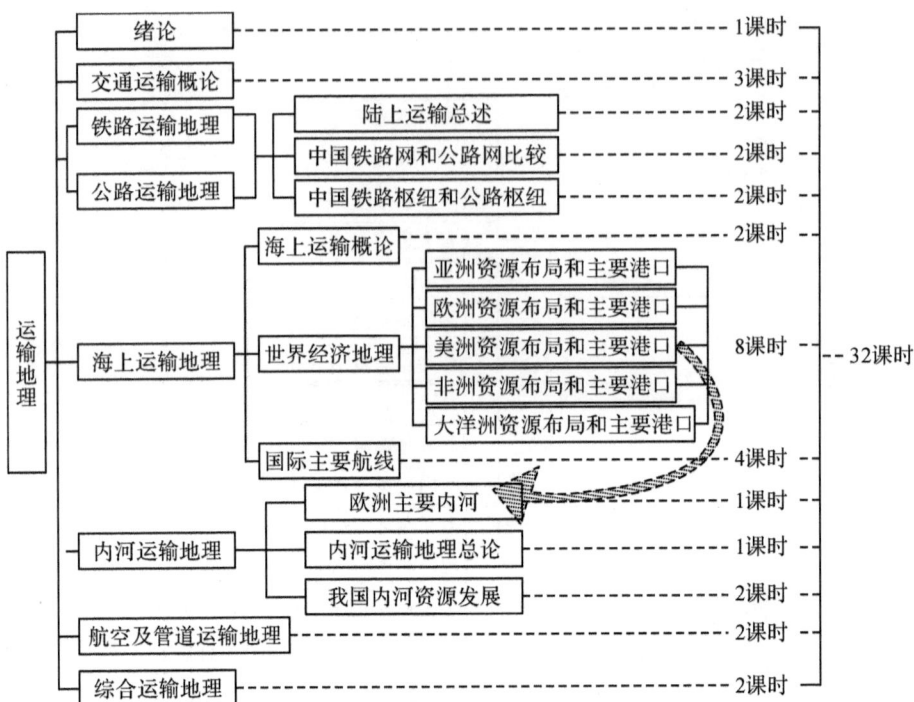

图 15-2 "启发式"大纲教学框架

说明：虚线箭头表示课程内容的逻辑关联

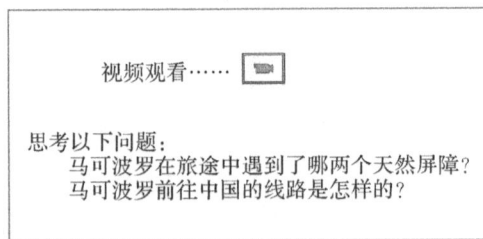

图 15-3 绪论中的一张 PPT

要能将看似零散的知识点有序地联系起来，因而课件的制作一定要充分地体现逻辑性。例如，进入"内河运输地理"这个独立部分的学习时，课件首先链接到之前学过的"欧洲地理布局和资源分布"这一模块中去，讲述欧洲的几大内河是如何促进欧洲港口发展的。从这个点开始切入，来讲解内河运输概论。之后再将中国的内河运输状况拿出来与欧洲进行类比分析。这种逻辑更利于学生对课程的整体把握。另外,为了使学生的思维保持连贯而不被打断,课件不宜过多地跳页,地图不能太过零碎。有时可以将如 Google Earth 等地图软件嵌入到课件之中,带领学生连贯地对地球交通进行观察分析。

4. 课堂形式的变化

启发式教学很早就被应用到课堂之中,但现实中许多教学只停留在"启",而缺少"发"。事实上,也只有学生亲自动手动脑以后,课程内容才能算是被接受了。在教学中,许多内容涉及面广但内容不深,而且充满趣味性,非常适合让学生自己探索。"运输地理"的课堂需要在适当的时候抛弃传统的"师在上,生在下"的教学模式。

例如,在海上运输地理部分的讲解中,可以以所研究的地理区域为单位对学生进行分组。老师首先对亚洲和欧洲地区的资源分布、经济状况和重要港口进行详尽的讲解,然后将美洲、大洋洲和非洲这几块区域分给不同小组,让他们自己在课外搜集资料、制作 PPT,每一个小组均安排上台展示和交流的机会。展示之后再由老师引导全班同学对此进行讨论、发问,最后做出点评和补充。实践证明,这种课堂形式有效地提升了学生的学习兴趣。学生被分配了讲课的任务,会更认真地学习老师的讲课逻辑;每一组学生有了一个固定的研究范围,想象力和创新能力得到了充分的锻炼。同时,整个课堂的气氛也有了极大地改变,激发了学生对本课程以至本专业的学习兴趣。

再比如,由于近几年我国的公路网布局发生了很大的变化,这些变化在教材中没有得以体现。这种情况下可以发动学生在课下利用网络搜集最新的信息资料,拟出表格与教材上的内容相对比,并制作 PPT 给大家演示讲解。在自主搜集信息的过程中,学生既能对课程内容进行复习,又能在不断地新发现中产生成就感。

四、结语

　　启发式教学要求在教学过程中根据教学任务和学习的客观规律,从学生的实际出发,采用多种方式,以启发学生的思维为核心,调动学生的学习主动性和积极性,促使他们生动活泼地学习。在本次对"运输地理"的课程改革之中,从宏观的教学大纲的修订到微观的课件制作的创新再到形式上的教学方法的调整,整个过程都体现了启发式教学的指导思想。随着时代的发展,学生群体的基本素质和视野会有新的改变,他们对于教学理念和教学手段的要求又会有进一步的提升。课程改革应伴随着知识、技术的革新一直进行下去。

参考文献:

　　[1] 李萍.《中国经济地理》教学方法探讨[J].教师论坛,2002(4):31-32.

　　[2] 戴明福,彭静,杨帆.宁波市物流业发展和人才培养浅析[J].交通企业管理,2011(6):70-71.

　　[3] 杨思斯.基于工作过程的高职《高电压技术》课程改革[J].电力职业技术学刊,2010(4):36-37.

　　[4] 肖德钧.基于能力和素质发展的高职英语课程改革研究[J].常州轻工职业技术学院院报,2011(3):54-59.

(本案例由原作者宁波工程学院葛雪博士提供)

应用型本科双语课堂有效教学策略

——以"国际贸易实务"课程为例

引 言：

本案例来源于《改革与开放》，2019 年 7 月，第 7 期。曾获校级双语教学示范课程建设项目资助。

有效教学是本科课堂教学改革的重要途径。基于加里·D. 鲍里奇的有效教学理念，在归纳促进有效教学的关键策略和辅助策略的基础上，从教学准备、教学实施和教学评价三个环节出发，以物流管理专业核心课程"国际贸易实务"双语课堂教学为例，开展了应用型本科有效教学策略的实践探索，并对教学效果进行了问卷调查。结果表明，有效教学关键和辅助策略的实施，有助于提高课堂教学效果。

应用型本科院校对于区域高等教育布局结构的合理化，人才培养结构的多元化及地方经济社会的全面发展都有着强有力的推动作用。教学质量是应用型本科院校的生命线。虽然应用型高校重视本科教学投入，教学质量稳步提升，但目前课堂教学普遍存在有效性不足的现象，存在"教师很辛苦，学生很痛苦，但学生却没有得到应有的发展"，教学目标与教学实践结果相背离，到课率与听课率不一致，课堂"低头族"盛行等现实问题。有效教学是本科课堂教学质量的一种理想追求，也是当前高校课堂教学改革的核心思想。如何改变现状，变低效或无效的课堂为有效、高效的课堂，实现教与学的良性循环，亟待深入研究。

本章借鉴加里·D.鲍里奇的有效教学论,在归纳有效教学的关键策略与辅助策略的基础上,从教学准备、教学实施和教学评价三个环节出发,构建了应用型高校"国际贸易实务"双语课堂有效教学策略体系,并进行了实践探索。这不仅能为教师提升课堂教学效果提供借鉴,也能够为课堂教学效果的区分和评价提供尺度。

一、应用型本科"国际贸易实务"双语课堂有效教学策略的实践探索

主讲教师从教学准备、教学实施和教学评价三个环节出发,在"国际贸易实务"双语课堂教学开展了有效教学策略的实践探索。

(一)有效教学关键策略与辅助策略的实践探索

结合"国际贸易实务"双语教学实际,主讲教师对有效教学的关键策略进行了实践探索,见表16-1。此外,在有效教学辅助策略方面,教师鼓励学生参与课堂,无论学生回答正确还是错误,都以平时考核分数给予鼓励;运用分钟教学法,加强了对课堂节奏的把握和重视,对于重要的内容关注语言表达技巧;保持教师对课程的情感投入,将对课程和教学的热情传达给学生。

(二)教学准备环节的有效教学策略探索

首先,主讲教师在学期初进行了问卷调查,对近两轮授课班级的英文水平进行了摸底。其中,19.18%的学生通过了 CET-6,71.23%的学生通过了 CET-4,9.59%的学生没有通过 CET-4,这说明学生的英文水平可以确保国际贸易实务双语教学的顺利开展。

表 16-1 "国际贸易实务"双语课堂有效教学关键策略的实践

	前几轮课程教学的现实	负责人有效教学探索
清晰授课	教师讲课语速偏快,重难点不够突出	通过录制视频、重新组织教学素材、听课等多种方式,提高授课清晰度
多样化教学	偏重教师讲授,提问的策略不足,问题目的性不明确,大班上课,多样化不足	结合课堂提问策略,对提问进行了系统化的设计将学生互动纳入考核 通过语调、手势等吸引学生的注意力 采用小教室和智慧教室,通过改变教学空间,进行小班化双语教学实践
任务导向教学	更偏重于知识点的讲解,课前预习与课后实训薄弱	将课前预习纳入考核,通过课前听写、课后实训的方式强化任务导向 定期总结与习题课
加强学生的学习投入	重视度不够	编撰、下发给学生双语讲义和练习册,及时反馈作业 加大课堂互动,强调鼓励与激励
确保学生学习效率与学习效果	重视度不够	注意课程的复习与总结 增加课堂检测,实施过程化考核

其次,针对国际贸易实务课程部分理论性强、专业术语多的特点,教师将前三章的英文授课比重控制在 40%—50%,然后逐步增加到 60%—80%,具体根据教学内容灵活调整,总体上英文授课比重在 50%—70%,符合学生预期。期末问卷调查的结果为:41.10% 的学生认为 30—50% 的英文授课合适,54.79% 的学生选择了 50%—80% 的英文授课比例,还有 4.11% 的学生建议全英授课。

第三,为了兼顾每一位学生,确保每人都有参与课堂互动的机会,尤其是部分不爱主动发言的学生,教师通过随机点名的方式进行引导。

最后,结合学校专业评估和教学大纲修订的机会,负责人借鉴有效教学目标的理论知识,调整了"国际贸易实务"(双语)教学目标(知识、素质和能力),尤其是在各类目标的动词表达上进行了规范,并依据制定有效教学的七大步骤,重新制作了单元授课教案(32 学时)。

(三)课堂教学实施环节的有效教学策略探索

1. 课堂管理策略

针对课堂管理问题,教师从建立学习氛围和促进学生投入两个角度出发,实践了一些课堂管理策略,主要包括:①通过采用建立权威、实物奖励和口头鼓励等方式与学生建立相互信任关系。最重要的是情感链接,真正地关爱学生,平等对待学生,这是建立相关信任的核心;②为了促进学生加大对课程学习的投入,教师重点采用了传统的教学管理方法,即制订课堂纪律,突出计划和组织,讲授规章,向学生讲清楚违规的后果,尽量避免采用负面的行为矫正方式。

另外,教师针对课堂管理中四个比较重要的领域进行了探索,一是学生监管,关注缺课、旷课学生的动向,加强对后排学生的监管;二是采用正面的方式分配任务并激励学生;三是每堂课结束时做好总结和归纳,做到有始有终;四是在第一堂课就用语言和电子文件明确告知学生课程的考核方式、课堂规则等。

2. 课堂提问策略

通过系统学习课堂提问策略,教师发现以前教学过程中存在提问方式单一,有效问题不足,提问与行为目标结合不足,没有给学生足够的机会发言等问题。为了改变这种局面,教师进行了一些改革。一是以问题和任务为导向,根据教学大纲和内容初步构建课堂提问体系和类型。二是针对提问偏重于识记、理解、应用等低层次的问题,分析、综合、评判等高层次的问题不足的局面,教师在更新相关理论与实践知识的基础上,结合教学内容,有选择性的在部分章节的讲解上开始实施探究性教学。

(四)课堂教学短期评价教学策略探索

首先,教师制定并实践了"国际贸易实务"双语教学的过程化考核方案,重点将课堂参与纳入考核,强调课堂的有效互动。

其次,根据教学目标中的素质、能力和知识要求,以及试卷客观题和主观题有效设计原则,调整了期末考试的内容与题型,建立了考试题库,使该门课程的期末考试评价更加科学与规范。

最后,从教学态度、教学方法、教学效果等维度,设计了"国际贸易实务"双语课程教学效果评价表,并在期末发给学生匿名填写。

二、应用型本科"国际贸易实务"双语课堂有效教学效果评价——基于学生视角

根据回收的73份有效问卷,学生从有效教学策略的实施效果,学生的学习态度和教师的教学效果三个层面,对"国际贸易实务"双语课堂有效教学情况进行了初步评价。

(一)有效教学策略的实施效果

如表16-2所示,关于主讲教师的英文口语表达,42.47%学生认为清晰,57.53%的学生认为比较清晰。关于小班教学方式,82.19%的学生表示喜欢,6.85%的学生表示无所谓,10.96%的学生表示不喜欢小班化教学。72.60%的学生认为教师发放的讲义和练习册对于提升学习效果很有帮助,26.03%的学生认为有一定的帮助。关于"改变授课地点(如在智慧教室上课),是否会让你更认真地听课"这一问题,78.08%的学生认为在智慧教室上课有新奇感并会更认真地听课,21.92%的学生认为无论在智慧教室还是普通教室,都会认真听课。关于教材的使用方式,10.96%的学生仅看英文版教材,71.23%的学生以英文教材为主、中文教材为辅。根据反馈,课堂提问、专业术语听写、小组学习和讨论、PPT朗读与翻译是学生选择频次较高的课堂互动方式。

表 16-2 关于有效教学实施效果的调查

教师英文口语表达		小班教学		发放讲义册和练习册		智慧教室与听课认真度		教材使用方式	
选项	比重	选项	比重	选项	比重	选项	比重	选项	比重
清晰	42.47	喜欢	82.19	很有帮助	72.60	会更认真听课	78.08	英文教材为主，中文教材为辅	71.23
较清晰	57.53	不喜欢	10.96	有一定帮助	26.03	和在普通教室一样认真听课	21.92	中文教材为主，英文为辅	15.07
不清晰	0.00	无所谓	6.85	帮助很小	1.37			仅看中文版	2.74
								仅看英文版	10.96

(二)学生的学习态度

如表 16-3 所示，首先，相对于中文课程，42.47％的学生对待《国际贸易实务》双语课程的学习态度更加认真，54.79％的学生认为自己对待双语和中文课程的学习态度没有差异，还有 2.73％的学生认为自己的学习态度不太认真。其次，14.75％的学生每周花在该门课程的课外学习时间在 2 小时以上，44.12％的学生选择了每周 1 小时左右，38.24％的学生选择了每周半小时。最后，关于课后练习的完成方式，41.18％的学生全部独立完成，58.82％的学生大部分独立完成。

表 16-3　关于学习态度的调查

对"国际贸易"双语课程的学习态度		课外学习时间		课后练习完成方式	
选项	比重	选项	比重	选项	比重
更加认真	42.47	没有	2.94	全部独立完成	41.18
和学习中文专业课程一样认真	54.79	每周半小时	38.24	大部分独立完成	58.82
不太认真	2.73	每周1小时	44.12	抄袭	0.00
		每周2小时	14.75		

(三)教师的教学效果

有关教学内容的理解度,8.82%的学生表示都能听懂和理解,73.53%的学生表示大部分能够听懂和理解,8.21%的学生表示小部分能够听懂;在课程的教学内容、进度、教学方法、课堂互动方面,35.29%的学生表示非常满意,62.86%的学生表示比较满意;学生认为"国际贸易实务"双语教学有助于提高英语水平、掌握国际前沿知识和开拓国际视野。

表 16-4　关于教学效果的调查情况

关于教学内容的理解		对课程满意程度	
选项	比重	选项	比重
都听得懂	8.82	非常满意	35.29
大多听得懂	73.53	比较满意	62.86
小部分能听懂	8.21	不满意	1.85
完全听不懂	9.44		

三、结语

有效教学策略体系的构建与实施是一项动态的系统工程,不仅涉及多种教学方法的实践探索,如自主学习、任务驱动教学、案例教学等,而且一些关键策略的深入实施本身就是课堂教学改革,如有关应用型本科课堂有效提问策略等,这都需要高校教师持之以恒地学习、思考、实践和总结。本章仅在"国际贸易实务"双语课堂教学中进行了有效教学策略的初步探索,有效教学策略体系还有待完善,如教学内容的设计,考核方案的动态调整,课堂的有效管理等,以期进一步提高教学效果。

参考文献:

[1] 加里·D.鲍里奇.有效教学方法[M].第7版.朱浩,译.南京:江苏凤凰教育出版社,2014.

[2] 乔雯,王雪,邰志雄.基于培养应用技术型人才的国际经济合作课程教学改革[J].对外经贸,2014(12):135-137.

[3] 胡传争,孟庆超.高职院校国际经济合作课程教学改革初探[J].咸宁学院院报,2012(05):152-154.

[4] 段华友,徐泉源.基于提升本科会计专业课堂教学质量的调查问卷评价研究[J].皖西学院学报,2014(4):17-22.

[5] 姚利民,曹霞,黄书真.新建高校教师课堂有效教学调查与分析[J].大学教育科学,2011(3):34-39,64.

[6] 黄丽薇,张立珍,黄卉.应用型本科有效教学实践探索——基于东南大学成贤学院电子信息工程专业有效教学研究[J].高教学刊,2016(6):230-231.

[7] 赵红梅.对本科课堂教学的实践与思考——以经济学专业基础课为例[J].山西财经大学学报,2013(9):25-29.

［8］徐艳伟.高校教师有效课堂教学的构建［J］.教育探索,2010(3):85-86.

［9］盛武,盛智愚,刘影,等.探究式高校课堂有效教学模式设计与实验［J］.辽宁工程技术大学学报(社科版),2012(7):445-448.

［10］姚小云.教学研究型大学本科课堂生态化有效教学模式建构［J］.牡丹江教育学院学报,2016(3):104-106.

（本案例由原作者宁波工程学院乔雯博士提供,

参与研究的有宁波工程学院王雪副教授等）